나의 길을 찾아주는 나침판

진로설계와 인성함양

CAREER DESIGN & CULTIVATION OF CHARACTER

봄에 씨를 뿌린 자만이 가을에 결실을 맺는 것이 자연의 이치이듯 우리의 삶도 다르지 않다고 생각합니다. 우리는 누구나 성공을 이루고자 합니다. 또한 행복한 삶을 살고자 합니다. 그러나 누구나 이러한 삶을 살지는 못하는 것 같습니다. 저는 성공에 대해 이렇게 생각해 보았습니다.

성공이란 무엇일까? 어디까지가 성공일까? 하루의 자그마한 성공, 그 자그마한 성공이 모여 한 주의 성공, 한 달의 성공, 1년의 성공, 3년, 5년, 10년...이렇듯, 작은 성공의 단계가 있어야 하지 않을까요? 우리는 이런 과정 속에서의 무수히 많은 작은 성공들을 찾아보기보다는 한꺼번에 큰 대박의 성공만을 인정하는 것은 아닐까요?

농부가 가을에 원하는 수확물을 얻고자 정성스레 씨앗을 준비하고, 밭을 고르고, 설레는 마음으로 봄을 기다렸다가 가장 적절한 시기에 파종을 하듯이 자신의 진로설계도 마찬가지라고 생각합니다. 1년 농사를 성공하기 위해 농부가 한겨울 동안 정성스레 준비하고, 가꾸듯이, 그 뜨겁고 힘겨운 여름날을 이겨나가듯이...

저는 20년 동안 기업에서 경영전략가이자 전문경영인으로서의 경험과 10년 동안 대학교에서 늘 학생들과 함께하면서 진로선택과 자기계발, 인간관계, 경영을 가르치고 고민을 상담해준 경험 그리고 인간의 심리·행동을 연구한 학자로서의 경험을 바탕으로 이 책을 저술하였습니다.

이 책은 지금까지 자신이 살아온 삶을 성찰하는 것으로부터 출발합니다. 그리고 현재 자신의 현재 상황을 어떻게 진단하여 진로나 인생을 설계해야 되는지에 대한 방향과 방법을 찾게 해줄 것입니다. 모든 일에는 때(time)가 있고 그에 따른 방향설정과 철저한 준비가 무엇보다 필요합니다. 즉 어디로 갈 것인가 등대를 정하고(목표) 선택과 집중(맞춤형 준비)을 해야 합니다. 그리고 획일적인 삶(사회적 성공)이 아닌 다양한 삶(나의 행복)에 대해서도 생각해본다면 자신의 진로나 인생설계를 하는 데 큰 도움이 될 것입니다.

　이 책은 다음과 같이 구성되어 있습니다. 제1장에서는 나의 삶의 목적이 왜 중요한지, 제2장에서는 진로탐색의 출발점은 자기 자신에 대한 이해로부터, 제3장에서는 개인마다 타고난 소질과 재능은 다르다, 제4장에서는 기업이 요구하는 인재상과 학생들의 욕구변화에 따른 취업전략, 제5장에서는 자기계발 및 자신의 인생설계를 어떻게 해야 하는지.., 제6장에서는 인성과 인성함양 방법, 제7장에서는 흥미·재능의 재발견으로 자신의 꿈을 다시 찾자, 제8장에서는 학년별 진로탐색 및 대응전략, 제9장에서는 기업에서 수행해야 할 직무별 필요 역량, 제10장에서는 진로의사결정과 정보처리과정, 제11장에서는 목표설정 및 실행과 진로장벽 및 문제해결, 제12장에서는 취업 및 준비과정...이런 내용으로 구성되어있어 자신의 진로와 앞으로의 삶에 대해 고민하는 학생들에게 실질적인 도움이 될 것으로 확신합니다. 또한 각 장마다 자아성찰과 진로탐색을 위한 실전 연습문제를 마련하였습니다. 주로 자신의 내면을 살펴 작성하는 연습문제와 학년별 실전적인 대응전략에 대해서 다루었습니다.

　다시 한 번 말씀드리면 자기 자신의 성찰하고 목표를 세우고 철저한 사전준비와 노력하는 길만이 성공의 열쇠라는 것을 잊지 말아야 할 것입니다. 가을에 튼실한 성공을 수확하듯이 이 책이 진로선택을 꿈꾸며 준비하는 모든 이들에게 실질적인 도움이 되기를 간절히 바라면서 무더웠던 여름 함께 애써 준 가족에게 고맙다는 마음을 전합니다.

　끝으로 기획에서부터 출판에 이르기까지 지속적으로 많은 도움을 주신 한올출판사 임순재 사장님을 비롯하여 최혜숙 실장님과 황남수 부장님께 진심으로 감사드립니다.

2016. 2.

한림관 연구실에서

저자 박일순

차례

CONTENTS

CONTENTS

취업준비 _ 278

CONTENTS

PART 01

자기 계발과
인성(人性)

Chapter 01

나의 삶

Chapter 01 나의 삶

이 장에서는 "나는 무엇을 위해 살 것인가?", "어떻게 사는 것이 행복한 삶인가?"라는 근본적인 질문에 대해 진지하게 고민해 보고, 이에 대한 깨달음을 얻는 데 도움이 될 것이다.

Key Word : 행복, 주도적인 삶, 성찰, 정신적 가치, 물질적 가치

01 삶의 목적

인간이 추구하는 궁극적인 목적은 행복이다. 행복은 일상생활에서 충분한 만족과 기쁨을 느끼어 흐뭇한 상태를 말한다. 즉, 인간은 욕구가 충족되었을 때 행복감에 젖게 된다.

예를 들면, 배가 고플 때 맛있는 음식을 먹는다든지, 연인끼리 다정하게 커피를 마신다든지, 자신의 목표를 달성했을 때 행복감에 젖게 된다.

세상에서 가장 행복한 삶은 자신이 좋아하는 일을 하면서 사는 것이다. 우리는 과거에 대해 후회하고 미래에 대해 걱정하며 살아간다. 하지만 지나간 일은 돌이킬 수 없고 앞으로 무슨 일이 벌어질지 모르기 때문에 이런 것들에 대해 너무 고민하는 것보다는 지금 이 순간 나를 둘러싸고 있는 모든 것들이 얼마나 소중한지를 느끼며 살아가는 것이 현명하다. 더욱 중요한 것은 지금 이 순간(찰나)[1]에 충실하게 사는 것이다.

이제는 기대수명 100세 시대이다. 나아가 미국의 시사주간지 "타임(time)" 최신호에 따르면 올해 태어난 아기는 142살까지 살 수 있을 것이라고 한다.

1) 찰나 : 물질적 · 정신적, 특히 정신적 현상의 순간적 생멸(生滅)을 설명할 때 쓰임. 한 생각 일어나는 매우 짧은 시간

5

물론 노화억제기능이 있는 신약을 복용했을 때라는 전제가 있긴 하지만 놀라운 일이 아닐 수 없다. 50년 전에는 불과 52살에 불과했던 한국인의 평균 기대수명도 이미 80세를 넘어섰고 빠른 속도로 수명이 연장되고 있다. 의학과 과학의 발전에 따라서 인류의 꿈인 불로장생이 현실로 다가 오고 있는 것이다.

이제 몇 살까지 사느냐는 그다지 중요하지 않다. 오히려 어떻게, 무엇을 위해 살았느냐가 더 중요하다. 물론 세상을 살아가는 삶의 형태도 개인마다 다르고 다양하다. 그러나 올바르게 살아간다는 것은 그렇게 쉬운 일은 아니다. 한 인간이 생(生)의 마지막에서 지나온 과거를 뒤돌아보며 보람되고 후회 없이 살았다고 자신할 수 있는 사람이 과연 얼마나 될까? 인간이 생(生)을 마감할 때 후회가 엄습해 오는 것도 자기 몫이요, 자부심을 느끼고 만족하는 것도 자기 몫이다.

또한 인간의 삶은 끊임없는 선택의 연속이다. 목표를 세우고 실천하는 것이 현실적인 어려움도 있겠지만 끊임없이 자신의 내면을 살피면서 살아가야 한다. 목표를 세우기 어렵다면 당장 내일 생(生)을 마감한다면 지금, 이 순간 무엇을 할 것인가를 생각하면 의외로 쉽게 답을 찾을 수 있을 것이다.

따라서 행복한 삶이란 오늘 살아 있음에 감사하고 내일이 존재한다고 믿고 나름대로 삶의 목표를 세우고 살아가는 것이다. 삶의 목표는 우리가 최종적으로 도착하고자 하는 목적지와 같다. 목적지에 잘 도착하기 위해서는 제대로 된 인생설계나 진로선택이 무엇보다 중요하다. 이것이 목적지를 잘 찾아가게 해주는 나침판이자 등대와 같은 역할을 할 것이다.

낙이불류 애이불비 가위정야 (樂而不流 哀而不悲 可謂正也)

"즐거우면서도 무절제하지 않고 슬프면서도 비통하지 않으니,
바르다고 할 만하다."

이는 기쁨을 너무 속되게 드러내면
그것을 보는 이에게 질투심을 유발하게 되므로 절제해야 하고,
내가 슬프다고 해도 너무 드러내놓고 비탄에 빠지지 말라.
지금 어려움도 영원하지 않다.

02 가치관의 변화

경제중심의 사고는 우리에게 물질적 풍요를 가져다 준 반면, 정신적 가치를 소홀히 하는 현상을 낳았다. 이로 인한 가정문제, 사회문제 등이 심각해지고 있다. 거의 매일 TV에서는 자신의 분노를 조절하지 못해 일어나는 사건 사고들이 잇따르고 있으며 날로 흉폭해지는 양상을 보이고 있다. 이러한 현상의 본질적인 문제를 해결하기 위해서는 물질적 가치에서 정신적 가치로의 패러다임[2] 전환(Paradigm shift)이 무엇보다 필요한 시점이다.

이러한 패러다임 전환을 통해 물질적 가치와 정신적 가치가 균형을 이룰 때 비로소 진정한 선진사회에 진입할 수 있다. 따라서 우리 모두가 그런 삶이 되도록 부단한 노력과 지혜로운 삶이 요구된다.

2) 패러다임(paradigm) : 한 시대 사람들의 견해나 사고를 근본적으로 규정하고 있는 인식의 체계

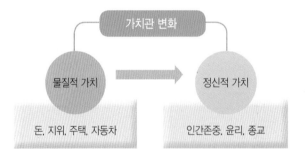

1. 물질적 가치[3]

3) 물질적 가치 : 자동차, 주택 등 살아가는 데 필요한 물질에 대한 쾌락적 가치와 유용(경제적)가치

우리나라의 산업화는 대량생산과 대량소비를 통한 규모의 경제를 가능하게 하였고, 사람들은 많은 부(富)를 이룰 수 있었다. 특히 단기간에 걸친 산업화와 근대화의 과정으로 말미암아 급속한 사회변화가 일어났고 물질문화와 전통적 가치관 사이에 갈등이 생겼다.

이 과정에서 경제적·물질적 가치를 중시하는 물질만능주의로 기울었고, 사회적 가치평가를 돈이나 사회적 지위 등과 같은 물질을 기준으로 삼기에 이르면서 현대 사회는 물질만능주의가 팽배하게 되었다. 물질만능주의는 삶의 물질적 조건이 부족했던 사회에서 물질적 조건이 향상됨으로써 나타나는 일반적 현상이다.

한편 물질만능주의를 정신적 측면에서 고찰하면 인간의 이기심에서 발생한다. 물질적 욕구로부터 시작된 인간의 이기심은 자기 것에 대한 집착으로 나타나고 이러한 현상은 어느 시대나 어느 곳에서나 등장하는 문제로서 극복할 수 없는 문제이다.

우리나라의 산업화는 국가의 성장 전략, 즉 극단적인 불균형 성장 전략에 의해 가속화되었고 급속한 산업화로 인한 폐해는 결국 우리에게 마치 화살처럼 되돌아와 크나큰 아픔을 주고 있다. 그 결과 계층 간 갈등, 집단 간 갈등, 지역 간 갈등, 부의 양극화 등 다양한 부분에서 이기주의 형태가 나타났고, 결국에는 이런 것들이 사회통합을 저해하고 더 나아가 국민의 정신적 통합을 이루는데 걸림돌로 작용하고 있다. 또한 인간이 가져야 할 본연의 가치(인본주의)를 상실하고 인간을 소외시키는 뿌리 깊은 사회구조 악으로 나타나 가치관의 극심한 혼란은 물론 그것이 심화되어 생명을 경시하는 사회 풍토가 되었다.

이렇게 물질과 부(富)가 모든 것을 지배하게 되면서 삶의 주체인 인격의 균형을 상실하게 되었다. 그 뒤를 따르는 불행은 더 말할 필요가 없다.

2. 정신적 가치[4]

예로부터 우리나라는 인간 존중의 사상이 뿌리 깊게 내려오고 있다. 따라서 물질에만 너무 집착하는 마음과 태도를 우리 전통윤리에 대한 고찰과 우리 사회에 대한 반성을 통해 현재의 물질만능이 옳은 것인지를 다시 한 번 살펴볼 필요가 있다.

4) 정신적 가치 : 지적 가치(학문), 도덕적 가치(윤리), 미적 가치(문화, 예술), 종교적 가치(종교, 성스러움)

최근 서구의 선진화된 국가들은 삶의 질에 대해 활발한 연구를 하고 있다. 삶의 질이란 자신이 직접 체험하고 느끼는 만족감으로서 지금과 같은 물질적 풍요가 삶의 질을 나타내는 절대적 기준이 될 수 없다는 것이다. 즉, 선진국 사람들은 안전하게 살고 있으며 식생활에 곤란을 겪지 않는다는 사실은 인간의 가치관 변화에 많은 의미를 포함하고 있다.

고도의 경제 성장과 사회 변동은 사람들의 가치관과 삶의 목표를 급격히 변화시키고 있다. 생존 내지 안전의 욕구가 존재하고 있는 경우에 대부분의 사람들은 그들의 관심을 다른 곳으로 돌릴 수 없다. 그러나 경제적 및 신체적 안전이 보장받는 경우에는 사랑, 존경, 소속의 욕구가 점차로 증가하며, 나아가 자아실현의 욕구(지적·심미적 만족)로 발전하게 된다.

미국 미시간 대학 잉글하트(Inglehart. R) 교수는 이러한 삶의 가치관 변화를 "조용한 혁명(silent revolution)"이라고 했다. 삶의 질은 경제적·물질적 조건을 나타내는 객관적 지표보다 그것을 전제로 한 자신의 만족감·즐거움 등의 주관적 지표에 더 의미를 두고 복지지수와 즐거움지수로 평가해야 한다는 것이다.

복지지수는 객관적 지표로서 경제적·물질적 조건인 주택·건강·재무·친구·교육과 관련된 것이며, 즐거움지수는 개인이 느끼는 만족감·행복감 같은 주관적 지표로서 지적·심미적 만족과 사랑·존경의 욕구충족에 관한 것이다.

한편 국내 연구기관들의 조사결과에 따르면 한국인의 삶의 질 지수는 대체로 낮은 편으로 나타났다. 특히 삶의 질 지수가 가장 높은 집단은 대도시에 사는 40대 여성이고, 반대로 가장 낮은 집단은 대도시에 사는 40대 남성으로 나타났다. 최근 현대경제연구소 조사에서도 직업별 경제행복지수는 공무원이 가장 높게 나타났고, 직장인, 주부, 자영업자, 무직 순으로 나타났다. 이는 경기불황으로 인해 안정성이 보장된 공무원을 선호하는 현상으로 볼 수 있다.

따라서 우리나라도 국민의 삶의 질과 행복감을 높이고 물질만능주의로 인해 발생하고 있는 많은 사회문제를 해결하기 위해서는 다음과 같은 방법들을 실천하는 것이 무엇보다 시급하다.

첫째, 물질만능주의를 과감히 탈피하고 정신적 가치로의 전환이 필요하다.

둘째, 성장을 우선시하는 획일적인 자본주의 체제를 수정하여 성장과 분배가 균형을 이루도록 해야 한다.

셋째, 입시위주의 교육에서 인성을 강조하는 학교교육이 필요하다. 인성을 중시하는 교육을 통해 이러한 가치관을 재정립할 수 있다. 즉, 인간의 가치를 주된 관심사로 삼는 인본주의로의 회귀이다.

넷째, 인간의 끝없는 욕망을 조절하고 향락과 이기심을 절제하며, 다른 존재들과의 공존을 추구해나가는 동양적 가치관을 추구해야 한다. 동양적 가치관[5]으로의 전환은 물질문명의 폐해를 치유해 줄 것이며, 질적으로 풍족한 인간의 생활을 가능하게 해 줄 것이다.

다섯째, 스스로 자족할 수 있는 삶의 태도를 내면화[6]하고 절제와 조화정신을 추구해야 한다.

> 5) 동양적 가치관: 상호 존중, 정신적 안정, 윤리

> 6) 내면화 : 타인의 인지기능, 태도, 가치관이나 사회적 기준 등을 자신의 사고체계에 병합시키는 것

이러한 물질적 가치에서 정신적 가치로의 변화를 통해 능률과 실용성의 추구뿐 아니라 인간의 감정존중과 심정의 풍요로움을 고양시킬 수 있다. 또한 모든 사람들이 물질보다 생명의 존엄성이나 인간을 존중하는 정신적 가치로의 변화가 우리의 삶을 윤택하게 만들어 줄 것이다.

이제는 물질적 가치에서 정신적 가치로의 패러다임 전환이 필요한 시점이며, 물질적 가치와 정신적 가치가 조화와 균형을 이루는 그런 삶이 되도록 부단한 노력과 지혜[7]로운 삶이 요구된다.

> 7) 지혜 : 사물의 이치를 빨리 깨닫고 사물을 정확하게 처리하는 정신적 능력. 현명함, 지혜, 창의력

무소유

무소유란 아무 것도 갖지 않는 것이 아니다. 궁색한 빈털터리가 되는 것이 아니다.

무소유란 아무 것도 갖지 않는 것이 아니라 불필요한 것을 갖지 않는다는 뜻이다.

무소유의 진정한 의미를 이해할 때 우리는 보다 홀가분한 삶을 이룰 수가 있다.

우리가 선택한 맑은 가난은 넘치는 부보다 훨씬 값지고 고귀한 것이다.

이것은 소극적인 생활의 태도가 아니라 지혜로운 삶의 선택이다.

우리는 우리 주위에 있는 모든 것의 한 부분이다.

저마다 독립된 개체가 아니다. 전체의 한 부분이다.

우리 한 사람 한 사람이 세상의 한 부분이다.

우리 인생에서 참으로 소중한 것은 어떤 사회적인 지위나 신분. 소유물이 아니다.

우리들 자신이 누구인지를 아는 일이다.

나는 누구인가? 스스로 물어야 한다.

이런 어려운 시기를 당했을 때 도대체 나는 누구지? 나는 누구인가 스스로 물어야 한다.

우리가 지니고 있는 직위나 돈이나 재능이 중요한 것이 아니라 그것으로써 우리가 어떤 일을 하며 어떻게 살고 있는가에 따라서 삶의 가치가 결정된다.

출처 : 행복닷컴, 법정스님

03 행복과 불행

1. 행복

일체유심조(一切唯心造)8)는 "모든 것은 오로지 마음이 만들어낸다."는 말이다. 즉, 세상사 모든 일은 마음먹기에 달려 있다는 뜻이다.

8) 一切唯心造
一 : 한 일, 切 : 모두 체,
唯 : 오직 유, 心 : 마음 심,
造 : 지을 조

행복은 생활 속에서 만족과 기쁨을 느끼어 흐뭇하거나 자신이 세운 목표를 달성했을 때, 즉 욕구가 충족되었을 때 행복감에 젖는다. 행복은 누가 가져다주는 것이 아니라 스스로 찾아야 한다. 진정한 행복이란 자신의 마음속에 있는 것이며, 매 순간 행복을 느끼는 것이 가장 바람직하다. 그러기 위해서는 삶의 목적을 물질적 가치에 두는 것보다는 정신적 가치에 두는 것이 삶의 질을 높이고 행복한 삶을 살 수 있다.

행복의 기준은 주관적인 만족감인 만큼 문화나 개인에 따라 차이가 있다. 즐거운 순간순간을 행복이라고 생각하는 쾌락주의자의 행복도 있고, 자신이 정한 목표를 달성했을 때의 느낌(성취감)을 행복이라고 여기는 사람도 있으며, 가족이 잘 지내는 것에 만족하는 것을 행복이라고 생각하는 사람도 있을 것이다.

현대인에게 "행복의 조건이 무엇이라고 생각하느냐?"라고 물어봤더니, 대부분의 사람들은 국가나 계층에 관계없이 부(富), 명예, 권력, 직업 순으로 응답하였다. 그 이외에도 가족, 친구, 사랑이라고 응답하였다. 그러나 대부분

의 사람들은 경제적인 측면이 가장 중요하다고 답하면서도 "돈과 행복은 관계가 없다."고 믿고 싶어하는 이중성을 보였다.

과연 행복은 돈으로 살 수 있을까? 돈과 행복의 관계에 관한 연구결과는 경제적으로 평균수준 이하의 사람들은 돈은 행복을 결정하는 중요한 요인이라고 응답하였고, 중간수준 이상의 사람들은 상대적으로 돈에 대한 중요성이 덜하다고 응답하였다.

사실 행복과 경제적인 수준과의 관련성에 관한 연구는 활발하지만 객관화하기 어렵고, 연구대상의 규모나 조건(대상, 소득수준)에 따라 결과가 달라질 수 있다. 돈과 행복에 관한 대부분의 연구결과는 소득이 높을수록 생활에 대한 만족도가 높았고, 국가 간의 비교뿐만 아니라 한 국가 안에서도 소득에 따라서 만족도는 비례하였다. 그러나 일부 연구에서는 경제성장, 국민총생산(GNP), 국내총생산(GDP)과 행복지수는 직접적인 상관관계가 없다고 발표하였다.

그래서 "행복은 부(富)에 의해서 결정된다."는 명제에는 예외적인 변수가 너무나 많지만 "돈이 행복을 결정하는 모든 것은 아니며, 또 돈을 좇는다고 행복해지는 것도 아니다."라는 의견에는 공감할 것이다.

어쨌든 행복에 관한 연구는 연구기관이나 다양한 측정변수에 따라 결과가 달라지는 경우도 있어 단정짓기는 쉽지 않지만, 자본주의 사회에서는 경제적인 측면이 사람들이 느끼는 행복과 어느 정도 상관관계가 있음에는 틀림없다.

한편 행복을 경제적 측면뿐만 아니라 전혀 다른 측면에서 살펴볼 필요가 있다. 이제는 이러한 경제적인 측면의 행복지수보다 발전된 GNH(국민총행복9) : Gross National Happiness)를 살펴봐야 할 단계이다.

9) 국민총행복 : 문화적 전통과 환경보호, 부의 공평한 분배를 통해 국민의 삶의 질을 높이겠다는 부탄의 국정 운영철학

세상에서 가장 느리고 행복한 나라 부탄

중국 티베트와 인도 사이 히말라야 산맥 동부에 자리한 나라 부탄. 한반도 5분의 1 면적에 인구 약 71만 명의 작은 왕국이다.

부탄은 평균 해발고도 2,000m 이상으로 땅보다 하늘이 더 가까운 나라이다. 부탄으로 가는 여정은 쉽지 않다. 부탄의 동부 지역으로 가려면 인도를 통해 입국하는 게 더 빠르다. 인도와 부탄의 국경을 넘어서면 곧바로 히말라야 산맥을 타고 끝없는 오르막길이 시작된다. 변화무쌍한 기후에 적응하며 그 길로 꼬박 5시간 가량을 걸어가면 해발고도 약 3,500m에서 메락 마을을 만난다. 부탄 정부가 한동안 출입을 금지했던 이곳은 예로부터 소과에 속하는 포유류인 야크를 기반으로 생활하는 반 유목민 "브록파"의 거주지이다. 불과 3년 전 출입이 허용됐지만 여전히 외부인의 흔적이 적은 미지의 땅이다. 메락 주민들은 붉은 색의 상의와 독특하게 생긴 모자를 착용한다. 이들이 보여주는 전통 야크춤은 흥미롭기만 하다.

야크는 이들에게 없어서는 안 되는 가축. 해발고도 4,000m 이상에서만 서식하며 겨울을 제외하고는 저지대로 내려오는 일이 없다. "황금 랑구르"(긴꼬리원숭이과의 원숭이)는 멸종 위기의 종이지만 이곳에선 다수 서식하고 있다. 황금빛 털은 존재 자체로도 신비로운 분위기를 내며 행운의 상징으로 여겨진다. 오랜 기간 험준한 환경 속에서 고립을 택한 부탄은 사람들의 생활뿐만 아니라 자연도 신비로운 이면을 간직하고 있다.

출처 : EBS "세계테마기행", 2013.

진정한 행복은 무엇일까?

동병상련(同病相憐)이라는 말이 있다. 이는 같은 병을 앓는 사람끼리 서로 가엾게 여긴다는 뜻이다. 그래서 일반적으로 고통을 겪어 본 사람은 그렇지 않은 사람보다 훨씬 다른 사람을 배려한다. 행복한 사람은 다른 사람의 고통을 이해하고 도와주는 이타적인 행동을 통해서 자신의 행복을 더욱 키운다.

예를 들면, 자신의 이익보다 다른 사람을 위해 이타적인 행동을 하려면 많은 시간과 비용이 든다. 그러나 이타적인 행동을 하는 사람들은 한결같이 "어려운 사람을 돕다보면 마치 그들의 행복이 자신의 행복처럼 느껴진다."라고 말한다.

우리는 스스로에게 질문을 해야 한다. "나는 행복한가?". 사람들은 자신의 욕구가 충족되었을 때 행복하다고 한다. 그런데 문제는 욕구는 또 다른 욕심을, 욕심은 또 다른 탐욕을 만들어낸다. 즉, 만족한 상태는 잠깐이라는 것이다.

결국 행복은 외부적 조건인 경제적인 수준, 사회적 지위 등도 중요하지만 결국에는 자신의 내면세계를 밝히는 마음 안에 있다. 따라서 늘 자신의 마음을 수양하여 욕심을 버리고 다른 사람과 더불어 살아가려는 마음가짐이 필요하다.

세상에서 가장 행복한 나라? '우리나라는 41위!'

UN지속가능개발대책네트워크에 의해 미국 컬럼비아 대학교 지구연구소, 브리티시 컬럼비아 대학, 캐나다선행연구소, 런던 정치경제대학 등 연구원들이 전 세계 156개국을 공동연구한 결과 덴마크가 2년 연속 세계에서 가장 행복한 나라로 조사됐다.

연구팀은 지난 3년간 갤럽 세계 설문조사 자료를 바탕으로 GDP, 자유, 건강한 삶, 부패, 사회적 지지기반 등 요건들을 10점 만점으로 평가했다.

그 결과 덴마크(7.693), 노르웨이(7.655), 스위스(7.650), 네덜란드(7.512), 스웨덴(7.480) 등 북유럽 국가들이 상위권을 차지했다. 미국은 17위(7.082)로 조사됐다. 한국은 6.267점으로 41위에 올랐다. 우리나라에 이어 타이완이 6.221점으로 42위, 일본이 6.064점으로 43위에 꼽혔다.

지난 2005~2007년과 지난 2010~2012년 사이 나라별 행복도 변화를 비교해 보면, 앙골라가 1.438점이 올라 가장 많은 점수가 상승한 것으로 조사됐다. 한국은 0.728점이 상승해 9번째로 가장 많은 상승세를 보였다.

가장 행복도가 낮은 나라로는 토고(2.936)가 꼽혔으며, 베냉(3.528)이 155위, 중앙아프리카공화국(3.623), 부룬디(3.706) 등 아프리카 국가들로 조사됐다.

출처 : 세계 행복 보고서, 2013.

2. 불행

주위를 둘러보면 생각보다 행복하지 않다고 생각하는 사람들이 많다. 잠시 힘들다고 해서 불행하다고 할 수는 없지만 스스로 그렇게 느끼는 것이다. 무엇보다 가장 불행한 것은 자기가 좋아하는 일을 하지 못하는 것이다. 그것이 얼마나 슬프고 불행한 일인지 뼈저리게 느껴본 사람만이 알 것이다.

행복과 불행은 빛과 어둠처럼 서로 공존하므로 사람들은 행복만을 원하지만 그럴 수 없는 게 인생이다.

행복과 불행의 차이점은 그 사람이 느끼는 감정의 차이다. 같은 상황, 같은 입장이라도 서로가 느끼는 감정은 다를 수 있다. 행복을 느끼면서 한 구석에는 불행을 느낄 수도 있고, 불행을 느끼면서 한 구석에는 행복을 느낄 수도 있다. 불행이 없다면 행복은 존재하지 않을 것이고, 만약 불행이 없다면 행복은 행복이 아닐지도 모른다.

인생삼불행(人生三不幸)[10]이란 말이 있다. 세상에는 완전한 행복도 불행도 없는 듯하다. 다가온 행운이 불행이 되어 치명적인 인생의 상처를 남기기도하고 누가 봐도 확실히 불행이라고 생각했던 것이 오히려 자신에게 행운을 가져다주기도 한다. 이는 아무리 행복한 조건이라도 삶의 성숙함과 깊이가 수반되지 않으면 오히려 그 조건이 독이 될 수 있고, 많이 가졌다는 교만이 잘못 살 수 있는 단초가 된다는 말이기도 하다.

예를 들면, 뉴스를 보면 가끔 거액의 복권 당첨자 이야기가 나온다. 그들은 처음에는 돈벼락을 맞은 당첨 소식으로 나오고, 나중에는 패가망신한 소식으로 나오는 경우가 대부분이다. 이는 뜻밖의 횡재는 좋을 게 없다는 대중적인 믿음을 강화시키는 역할을 한다. 일확천금을 얻은 사람이 재물을 지키지 못하는 이유는 자명하다. 그것을 관리할 수 있는 그릇(능력)이 안 되기 때문이다. 적은 돈만 관리하던 사람이 갑자기 큰 돈이 생기면 감당하기 어렵고 또 주위에서 그것을 탐하는 자들의 유혹에 쉽게 빠져들게 된다.

10) 인생삼불행 : "소년등과 석부형제지세 유고재능문장(少年登科 席父兄弟之 勢 有高才能文章)"이 삼불행의 내용이다. "소년등과"는 출세가 빠르면 거만하게 되어 인생이 불행해질 수 있다는 것이고, "석부형제세"는 대단한 부모형제를 만나면 그들만 믿고 오만해지는 것이 불행이 된다는 말이다. "유고재능문장"은 재주와 능력을 믿고 안일함에 빠질 수 있음을 지적한다.

그러나 복권 당첨자들과 당첨되지 못한 사람들을 비교 연구한 바에 따르면 당첨자들의 행복감이 더 높았다. 이처럼 진지한 노력 없이 행운으로 돈을 버는 복권 당첨과 같은 경우에도 행복감에 긍정적인 영향을 미친다(일시적으로는 즐겁고 행복할지 모르지만 시간이 흘러가게 되면 행복감은 바로 상쇄되어 버릴지 모름).

결론적으로 인간이 행복을 느끼고 불행을 느끼는 것은 거의 찰나에 일어난다. 그리고 그 핵심은 자기 자신이 어떤 마음을 갖느냐에 달려 있다. 아무리 행복에 겨운 사람도 한 순간의 마음먹기에 따라 스스로 불행하다고 느끼기도 하고, 반대로 불행에 젖어있던 사람도 순간 행복을 찾기도 한다. 즉, 행복과 불행은 그 순간을 어떻게 받아들이느냐에 달려 있는 것이다.

행복은 느끼는 것이다. 의외로 행복과 불행한 사람의 차이는 아주 사소한 것에서부터 비롯된다. 동전의 양면과도 같다. 따라서 끊임없이 자신의 내면을 살펴 자유롭고 행복한 삶을 살아야 한다. 더불어 살아가는 데 필요한 겸손과 책임을 습득해야지만 어설픈 특권의식으로 삶을 망가뜨리는 실수를 방지할 수 있다.

세상에 순탄하게만 이어지는 삶은 없다. 한평생 살면서 수만 번은 더 희로애락[11]을 느끼면서 살아간다. 그런데 우리는 모든 좌절과 실패의 경험을 불행한 인생과 동일시한다. "성공한 사람은 행복하고 좌절한 사람은 불행하다."라는 명제를 참으로 설정해놓고 모두 거기 빠져 허우적거리며 산다. 과연 그게 맞는 걸까?

우리가 한평생 잘 살았다고 말할 수 있는 인생은 자신이 처한 환경을 슬기롭게 극복한 좌절하지 않는 삶이 아니다. 자신에게 주어진 환경 때문에 행복했다거나 불행했다고 생각하지 않는 삶이며, 누구 때문에 행복했다거나 불행했다고 생각하지 않는 삶이다. 그럴 때 그 인생은 너무도 잘 산 인생이다.

11) 희로애락(喜怒哀樂) : 기쁨과 노여움, 슬픔과 즐거움이라는 뜻이다. 즉, 사람의 여러 가지 감정(感情)을 이르는 말. 喜 : 기쁠 희, 怒 : 성낼 로(노), 哀 : 슬플 애, 樂 : 즐길 락(낙), 노래 악, 좋아할 요

인간만사새옹지마(人間萬事塞翁之馬)

　새옹득실(塞翁得失)·새옹화복(塞翁禍福) 또는 단순히 새옹마(塞翁馬)라고도 한다. 새옹이란 세상(塞上:북쪽 국경)에 사는 늙은이란 뜻이다.

　북방 국경 근방에 점을 잘 치는 늙은이가 살고 있었는데 하루는 그가 기르는 말이 아무런 까닭도 없이 도망쳐 오랑캐들이 사는 국경 너머로 가버렸다. 마을 사람들이 위로하고 동정하자 늙은이는 "이것이 또 무슨 복이 될는지 알겠소." 하고 조금도 낙심하지 않았다.

　몇달 후 뜻밖에도 도망갔던 말이 오랑캐의 좋은 말을 한 필 끌고 돌아오자 마을 사람들이 이것을 축하하였다. 그러자 그 늙은이는 "그것이 또 무슨 화가 될는지 알겠소." 하고 조금도 기뻐하지 않았다.

　그런데 집에 좋은 말이 생기자 전부터 말타기를 좋아하던 늙은이의 아들이 그 말을 타고 달리다가 말에서 떨어져 다리가 부러졌다. 마을 사람들이 아들이 병신이 된 데 대하여 위로하자 늙은이는 "그것이 혹시 복이 될는지 누가 알겠소." 하고 태연한 표정이었다.

　그런 지 1년이 지난 후 오랑캐들이 대거하여 쳐들어왔다. 장정들이 활을 들고 싸움터에 나가 모두 전사하였는데 늙은이의 아들만은 다리가 병신이어서 부자가 모두 무사할 수 있었다.

출처 : 회남자(淮南子)의 인간훈(人間訓)

04 성찰과 혁신

1. 성찰

성찰(省察)이란 자신을 되돌아보고 반성하는 것이다. 단순히 자신에 대한 이해가 아니라 자신의 내면을 살펴 자신이 무엇을 잘못하고 있지는 않은지, 반성할 것은 없는지 되돌아보는 것이다. 즉, 자아성찰이란 스스로 자기(自己)가 누구인지를 살피고 마음을 정화[12]하는 과정이다.

마음을 자연스럽게 안으로 몰입시켜 내면의 자아를 확립하는 방법으로는 명상[13]이 있다. 특히 일상생활 속에서 명상을 실천할 수 있다면 더욱 바람직하다. 명상법은 제5장 자기계발에서 다루었다.

예를 들면, 명상하기 좋은 특정한 장소나 환경에서는 마음이 평온하여 명상효과가 좋다. 그러나 일상생활 속에서는 끊임없이 불편한 마음작용이 일어나므로 평온한 마음을 유지하기가 힘들다. 이럴 때마다 하늘을 쳐다보면서 잠깐의 여유를 찾거나 3번의 깊은 심호흡만으로도 어느 정도 감정을 누그러 트릴 수 있다.

"참을 인(忍) 3번이면 살인도 면한다."는 속담이 있다. 이는 아무리 분한 일이 있어도 참으면 위기를 모면할 수 있다는 뜻이다. 요즈음 뉴스를 보면 분노조절장애로 인해 믿기 어려운 사건 사고를 일으키는 사람들이 늘어나고 있다. 자기 스스로 분노를 다스리지 못하면 자신의 소중한 인생은 물론 가족까지 한순간에 망가트릴 수 있다.

나아가 여기서 멈춰서는 안 된다. 더욱 자신의 내면세계로 깊이 들어가 감춰진 진정한 자아 모습(참나)을 찾는 자아성찰이 필요하다. 간단한 방법으로는 늘 하루일과를 정리하고 반성하면서 내일에 대해 생각해보는 습관이

12) 정화(淨化) : 불순하거나 더러운 것을 깨끗하게 함

13) 명상(瞑想) : 마음을 자연스럽게 안으로 몰입시켜 내면의 자아를 확립, 고요히 눈을 감고 깊이 생각함. 정신집중

필요하다.

　궁극적으로 자신의 내면을 살펴 자아를 찾고 묶인 마음에서 벗어나 진정한 삶의 주인이 되고자 끊임없이 노력해야 한다.

2. 혁 신

　자아혁신은 시대 변화에 발맞추어서 계속해서 자신을 향상시켜 나가는 것을 뜻한다. 자아성찰은 자아혁신의 핵심이다. 자아혁신은 주인정신을 통해서만 가능하다. 이는 자기발전을 이루기 위해 반드시 활용해야 할 방법으로서, 성공한 사람들의 대부분은 끊임없는 자아성찰과 자아혁신을 통해서 꿈을 이뤘다. 다만, 자아혁신을 이끌어내는 변화와 이를 위한 선택이 급진적이어서는 안 된다.

　자아혁신이란 곧 자신이 걸어온 인생의 행로였다고 말할 수 있다. 자아혁신을 부르짖기 전에 스스로 자기 자신을 다스리고 변화시키는 일을 꾸준히 하는 것이 필요하다. 그것이 자신이 올바른 목표를 세우고 그것을 달성해 나가며 보다 충실한 삶을 이룩할 수 있도록 도와준다. 또한 지금까지 이렇다 할 성공을 이루지 못한 사람에게는 성공을 향한 새로운 지침을 제공하며, 이미 성공한 사람에게는 지금의 성공을 기반으로 한 삶의 혁신을 위해 새로운 도전의 기회가 될 수 있다.

　무엇보다 가장 중요한 것은 생각으로만 머무는 것이 아니라 생각의 틀을 깨거나 또는 마음으로 깨닫고 행(行)으로 옮기는 것이다. 남녀노소를 막론하고 그 삶에 변화가 없다면 그의 인생은 이미 녹슬어 있는 것과 다름없다. 성공적인 삶을 위해서는 담담(淡淡)한 마음[14]으로 끊임없는 자기계발과 혁신이 필요하다.

14) 고(故) 정주영회장이 살아생전에 강조했던 "담담(淡淡)한 마음"으로 펼치는 도전정신을 추억하는 사람들이 많다고 한다. 담담한 마음은 인간의 마음을 굳세게 해주고 총명함을 유지시켜 준다. 어떤 상황이나 일에 부딪쳤을 때 담담한 마음으로 임하면 평정심을 잃지 않고 문제해결이나 위험을 극복할 수 있는 지혜를 얻을 수 있다.
담담한 마음은 무슨 일을 할 때 갈피를 잡을 수 없이 뒤섞여 어수선하지 않고 말이나 생각이 정직한 상태를 말한다(모든 것을 복잡하게 생각하면 인간의 의지는 약해진다). 맑은 마음을 가질 때 좋은 생각이 나오고 담담한 마음을 가질 때 태도도 당당하고 굳세고 의연해지는 것이다.

솔개의 혁신

솔개는 약 70세의 수명을 누릴 수 있지만 그러기 위해서는 약 40세가 되었을 때 중요한 결심을 해야만 한다. 왜냐하면 솔개는 약 40세가 되면 발톱이 노화하여 효과적으로 사냥을 할 수 없으며 부리도 길게 자라고 깃털도 두껍게 자라 하늘로 날아오르기가 힘들게 된다.

이때 솔개에게는 두 가지 중 하나를 선택해야 한다. 그대로 죽을 날을 기다리든가 아니면 약 반년에 걸친 매우 고통스러운 갱생과정을 거쳐 새롭게 태어나는 것이다. 갱생의 길을 선택한 솔개는 먼저 산 정상 부근으로 올라 그 곳에서 둥지를 틀고 고통스런 갱생을 시작한다. 먼저 부리로 바위를 쪼아 부리를 빠지게 만들고 새로운 부리가 돋아나면 새로 돋은 부리로 발톱을 하나하나 뽑아낸다.

그리고 새로 발톱이 돋아나면 이번에는 발톱으로 깃털을 하나하나 뽑아낸다. 약 반년이 지나 새 깃털이 돋아난 솔개는 완전히 새로운 모습으로 변신하게 된다. 그리고 다시 힘차게 하늘로 날아올라 30년의 수명을 더 누리게 되는 것이다.

인간도 남녀노소를 막론하고 그 삶에 변화가 없다면 그의 인생은 이미 녹슬어 있는 것과 다름없다. 끊임없는 자기계발과 혁신이 필요하다.

자기 혁신 성공 방법		
	1	끊임없는 자기계발로 역량을 키워라.
	2	뚜렷한 목표(단기 · 중기 · 장기)를 세워라.
	3	구체적인 실행계획을 수립하고 실천하라.
	4	매일 할 일을 순서대로 작성하여 실천하고 점검하라.
	5	환경변화와 새로운 일을 두려워 말고 기회로 생각하라.
	6	매너리즘(mannerism)을 경계하라.

05 롤모델(Role model) 선정

어떤 삶을 살아야 될까? 당연히 누구나 행복한 삶을 살고 싶어한다. 그러나 막상 자신의 인생설계를 하다보면 어떻게 사는 것이 잘사는 것일까? 막막한 경우가 많다.

그럴 때 롤모델을 찾아보자. 롤모델이란 자기에게 본보기가 되는 대상이나 모범이 되는 멘토[15]를 말한다. 반드시 세계적으로 유명하거나 사회적으로 성공한 사람만을 생각할 필요는 없다. 가족이나 주위에서도 얼마든지 존경받을 만한 분이나 자신의 삶을 건강하고 행복하게 살아오신 분들이 있을 것이다. 이런 분들 중에서 롤모델을 선정하여 직접 만나서 체험담을 듣고 느낀 점을 제대로만 받아들여 실행하여도 효과를 볼 수 있다.

예를 들면, 투자의 괴재 워렌 버핏처럼 부자가 되고, 한국인 최초의 유엔 사무총장인 반기문처럼 성공하기 위해서는 그들이 어떤 인생을 살아왔고, 어떻게 성공을 이루었는지 살펴보는 것이다. 즉, 워렌 버핏의 부자비결, 생활습관, 자기관리, 절약정신, 투자자세 등을 배우고, 반기문의 부와 성공, 삶과 행복의 메시지, 설득, 인간관계, 자기계발, 리더십, 성공습관, 시테크 등을 배워서 점점 더 훌륭해지는 것이다.

15) 멘토(mentor) : 경험이 없는 사람에게 오랜 기간에 걸쳐 조언과 도움을 베풀어 주는 사람
멘티(mentee) : 멘토(mentor)에게서 상담이나 조언을 받는 사람

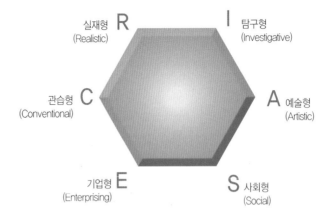

또한 자신이 어느 분야에 관심이 있는지 홀랜드(Holland)의 직업적성 검사를 통하여 파악한 후 이를 바탕으로 그 분야에서 성공한 롤모델을 정하는 것도 좋을 것이다.

결론적으로 성공한 삶, 행복한 삶을 산 사람들의 공통점은 자신의 목표를 이루거나 가치 있는 삶을 산 사람이다. 그러나 사회적으로 성공한 삶이 가치 있는 삶이냐, 행복한 가정을 꾸리고 단란하게 사는 것이 가치 있는 삶이냐, 다른 사람에게 봉사하는 삶이 가치 있는 삶이냐는 사람마다 가치의 기준이 다르기 때문에 어떤 삶이 더 가치 있는 삶이라고 단정지을 수는 없다.

예를 들면, 돈이 가치 있다고 생각하는 사람은 돈을 많이 버는 일이 가치 있을 것이고, 명예가 가치 있다고 생각하는 사람은 대학교수 같은 명예를 얻는 일이 가치 있을 것이고, 권력이 가치 있다고 생각하는 사람은 대통령 같은 권력을 갖는 일이 가치 있을 것이다.

따라서 롤모델을 선정하기 위해서는 먼저 자신의 삶의 가치를 찾고 거기에 맞는 롤모델을 찾는 것이 좋을 듯싶다. 그리고 무엇보다 중요한 것은 자신의 일에 열정을 갖고 최선의 노력을 다해야 한다는 것이다. 아무리 훌륭한 목표를 세웠다 하더라도 노력하지 않으면 결코 아무것도 이룰 수 없기 때문이다.

2014년 대학생이 존경하는 각 분야의 인물은?

2014년 대학생들이 존경하는 인물들에 대한 설문조사 결과를 살펴보면, 순위에 오른 사람들은 모두 국내외에서 인지도가 높은 사람들이다. 반면 부끄러운 일이긴 하지만 무려 대학생의 85.3%가 정치인을 불신하는 것으로 나타났다.

우선 각 분야를 막론하고 국내에서 가장 존경하는 인물은 반기문 UN사무총장이 뽑혔다. 반기문 총장은 발로 뛰는 적극적인 리더십, 외유내강의 우수한 표본으로서 모름지기 이 땅의 지식인이나 리더들이 필히 본받을 만한 대한민국의 세계인이다.

해외 쪽에서 가장 존경하는 인물은 스티브 잡스이다. 그의 인격이나 사생활 문제에도 불구하고 오바마 대통령을 앞질렀다. 아무래도 그의 천재성과 창조성을 더 높이 본 모양인데 자본주의에 적응하기 위해서는 적당한 표본이라고도 할 수 있겠다.

방송인으로는 손석희 JTBC 보도부문 사장으로 전체 분야에서 가장 압도적인 지지를 받고 있다. 무려 삼성 이건희 회장보다 16.7% 높은데 "기레기"라 불리는 한국 언론의 현실에서 참 놀라운 일이다. 비록 MBC에서 종편으로 옮겨갔어도 그가 신뢰와 원칙, 지성과 양심을 갖고 보도를 하기 때문에 그 진심이 젊은 대학생들에게도 통한 게 아닐까 싶다.

문학인으로는 이외수 작가가 1위인데 이 분도 깨끗치 않은 사생활로 꽤나 구설수에 오른 분으로 안다. 마광수 교수가 작년 초에 이외수 작가에게 "무식이 철철 흐른다."고 꽤나 강도높게 비난했는데 그 이유 중 하나가 바로 SNS 때문이다. 이외수 작가에게 이 SNS는 양날의 칼인데 대학생들에게 그의 온라인 소통능력은 높이 떠받들어지고 있다. 나중에 이 사람 치부가 드러날 때 애증의 시선으로 바라봤지만 지금은 무덤덤하다.

영화 부문에서는 봉준호 감독이 1위에 올랐는데 이번에 그가 제작에 참여한 영화 《해무》는 토론토 국제영화제, 밴쿠버 국제영화제, 산세바스티안 국제영화제, 미국 판타스틱 페스트, 대만 타오위안, 홍콩 국제영화제, 하와이 국제영화제, 스톡홀름 국제영화제에 초청됐다. 그리고 2009년 이래로 올해까지 6년간 정상에 머무르는 기염을 토하고 있다.

운동선수 1위는 피겨여제 김연아 선수인데 이미 은퇴했음에도 불구하고 국민들에게 그녀의 우수한 이미지는 절대적으로 느껴진다. 최근 못된 남자친구 때문에

구설수에 올랐지만 미리 잘 헤어져서 다행이다. 원래 우리나라에서 스포츠는 주로 남성들이 관심과 열정을 기울이는 분야이고 판도 좁은데 김연아 선수가 뜬 이후에는 여성들도 관심을 많이 갖고 응원해주는 것 같다.

영화배우로는 최민식 씨가 1위인데 여지껏 연기를 잘 한다는 평가에도 불구하고 대학생들에게 이렇게 정상을 차지하는 지지를 받는 건 처음이다. 아무래도 올해 여름 대박난 《명량》의 이순신 역할 덕분인 것 같은데 그의 신들린 연기가 대학생들이 바라는 성웅의 이미지와 딱 맞아 떨어졌기에 가능한 건가 싶다. 5위에 한지민 씨가 있는데 저 순위에 있는 유일한 여배우로서 그녀가 영화에서 보여준 연기가 얼마나 인상적인지 알 수 있을 것 같다. 순수하고 맑은 인상을 지녔으면서도 감정선이 깊은 연기를 보여주는 한지민 씨가 이번에 대학생들이 지지하는 영화배우 중 다섯 손가락 안에 든다는 것에 대해 무척 뿌듯하다.

가수 분야에서는 아이유가 1위를 했는데 국민여동생 이미지를 잃었음에도 노래 실력과 스타성으로 대학생들에게 높은 지지를 받는 걸 보니 역시 될 사람은 되겠구나 싶다.

경제 분야에서는 삼성의 이건희 회장이 1위인데 매년 대학생 선호도 조사에서 1위를 했다. 비록 지금은 코마 상태이지만 여전히 그에 대한 대학생들의 인지도나 선호도는 절대적인 것 같다. 그만큼 그가 한국경제에 바친 일생이 헛되지 않음을 증명하리라. 다만, 삼성 노동자들의 열악한 인권 문제를 생각하면 곱게 볼 일만도 아닌 것 같다. 2위로는 현대의 故 정주영 회장이 있는데 정말 현재를 살아가는 한국인들에게 있어서 그의 존재감은 무시 못할 만하다. 그가 없었다면 대한민국이 조선업 정상을 못달렸을테고 그럼 수출로 먹고 사는 우리 경제도 이만큼 성장하지 못했을테니 말이다.

마지막으로 정치 분야에서는 새정치민주연합의 문재인 의원이 1위를 차지했는데 우익들이 보면 참 한탄할 만한 내용이다. 여전히 좌익들이 득세하고 있다고 여길 정도로. 나로서는 그에 대해 애증의 시선을 갖고 있는데 그가 젊은이들에게 보여준 정치가로서의 이미지는 대체로 청렴하고 심지가 굳으며 참여정부 때 故 노무현 대통령의 보좌진으로서 보여준 2인자로서의 모습이 작용하지 않나 싶다. 2위로는 그와 정치적 단짝인 안철수 전 대표가 있는데 정말 경제인으로서나 정치인으로서 두 가지 이미지를 사로잡은 성공적인 사례라고 볼 수 있겠다.

출처 : http://blog.naver.com, 2014.

성공하는
사람들의
7가지
습관
(7Habits)

습관 1 주도적이 되라.

습관 2 목표를 확립하고 행동하라.

습관 3 소중한 것부터 먼저하라

습관 4 상호 이익을 추구하라.

습관 5 경청한 다음에 이해시켜라.

습관 6 시너지를 활용하라.

습관 7 심신을 단련하라.

저자 : Stephen R. Covey

Self-examination & Future plans

1. 자신의 행복지수를 측정해 보세요.

평가항목	매우 그렇다 (5점)	그렇다 (4점)	보통이다 (3점)	아니다 (2점)	매우 아니다 (1점)
1. 아침에 기대감으로 눈을 떠본 적이 먼 옛일 같다.					
2. 나의 사회생활 능력은 평균 이상인데 사람들이 잘 몰라주는 것 같다.					
3. 남의 실수는 물론이고 나의 실수도 쿨하게 넘기질 못하는 편이다.					
4. 고민이 생기면 친구들을 붙잡고 속마음을 털어놔야 마음이 좀 편안해진다.					
5. 나도 모르게 짜증 섞인 말이 튀어나와 가끔 깜짝 놀란다.					
6. 남들은 운동이다 다이어트다 열심히 하는 것 같은데 난 왜 자꾸 게을러지는지 모르겠다.					
7. 돈이 웬수! 금전적인 스트레스에서 벗어나고 싶다.					
8. 스트레스를 받으면 몸에 이상신호가 오기 시작한다. (변비, 설사, 소화불량, 어깨결림, 두통 등)					
9. 지금 나는 내가 꿈꾸던 일과는 다른 일을 하고 있지만 언젠가는 꼭 꿈을 이룰 것이다.					
10. 친구나 가족, 연인과 더 많은 시간을 보내고 싶지만 사정이 여의치 않다.					
11. 아무 방해도 받지 않는 조용한 곳에서 혼자만의 시간을 꿈꾼다.					
12. 나는 마음의 안정을 위해 명상을 배우고 싶다.					

출처 : sq.templestay.com, 불교문화사업단

 평가

점수	평가
16점 이하	평온한 자아를 가진 행복한 사람이다.
17~23점	가정이나 회사에 꼭 필요한 존재이기는 하지만 자신에게 소홀하므로 행복을 찾아야 한다.
24~44점	모든 것을 내려놓고 잠시 쉬어야 할 필요가 있다.
45점 이상	힘든 상태이지만 조금씩 마음을 열고 자신이 소중한 존재임을 잊지 말아야 한다.

2. 버킷리스트(bucket list)

버킷리스트(bucket list)란 죽기 전에 꼭 해보고 싶은 일과 보고 싶은 것을 적은 목록을 말한다.

2007년 미국에서 제작된 롭 라이너 감독·잭 니콜슨·모건 프리먼 주연의 영화 〈버킷리스트〉가 상영된 후부터 "버킷리스트"라는 말이 널리 사용되기 시작했다. 영화는 죽음을 앞에 둔 영화 속 두 주인공이 한 병실을 쓰게 되면서 자신들에게 남은 시간 동안 하고 싶은 일에 대한 리스트를 만들고, 병실을 뛰쳐나가 이를 하나씩 실행하는 이야기를 담고 있다.

"우리가 인생에서 가장 많이 후회하는 것은 살면서 한 일들이 아니라, 하지 않은 일들"이라는 영화 속 메시지처럼 버킷리스트는 후회하지 않는 삶을 살다 가려는 목적으로 작성하는 리스트라 할 수 있다.

🌳 버킷리스트(bucket list)

해보고 싶은 것	시 기	이 유

작성요령 : 자신의 내면을 살펴 진정으로 해보고 싶은 것을 정리한다.

3. 진로계획 세우기(학기 초 작성)

❶ 학년별 진로계획

(전공 :   성명 :   )

구 분	단기목표	실행계획
저학년		
고학년		

작성요령 : 학년별로 단기목표를 설정하고 그것을 실행하기 위한 계획을 세운다.

② 진로계획 수립시 느낀 점이나 애로사항을 정리해 보세요.

Chapter 02

자아이해

Chapter 02 자아이해

이 장에서는 인생에서 가장 중요한 질문, "나는 누구인가?", "어떻게 살아
갈 것인가?", "어떻게 죽을 것인가?"에 대해 살펴본다. 사회가치가 희미해
지고 물질을 더 중시하는 요즘에 이처럼 근원적인 물음은 삶을 살아가는
데 더욱 중요해졌다. 인간의 본질을 들여다봄으로써 자아확립은 물론 물음
에 대한 해법을 찾을 수 있을 것이다.

Key Word : 자아, 자아정체성, 자존감, 자기암시, 자아노출, 첫인상

01 자아(ego)

자아란 자기 자신에 대한 의식이나 관념을 말한다. 즉, 자아란 "나는 누구
인가?"라는 물음에 내가 내 자신을 바라보는 관점이나 의식을 말하며, 자신
이 학습하거나 경험한 것을 바탕으로 형성된다. 이렇게 형성된 자아는 주변
상황이나 사건을 평가하는 판단기준이 되며, 자신의 진로선택에 직접적인
영향을 미치는 중요한 요인이다.

인간은 어떤 상황에 직면하거나 어려움에 부딪쳤을 때 그것을 긍정적으
로 생각하느냐 또는 부정적으로 생각하느냐에 따라 인간의 감정과 행동이
전혀 다를 수 있다. 따라서 내가 내 자신을 긍정적으로 바라보면 긍정적 자
아가 되고, 부정적으로 바라보면 부정적 자아가 되는 것이다. 이에 따른 결
과는 자명[16]할 것이다.

16) 자명 : 설명하거나 증명
하지 아니하여도 저절로
알 만큼 명백하다. 즉, 긍
정적 사고는 긍정적 결과
를, 부정적 사고는 부정적
결과를 가져온다.

17) 수근반잔자여수족반잔자 기차지대의(水僅半殘者 與水足半殘者其差至大 矣) : 물이 겨우 반 남았 다는 것과 물이 족히 반 남았다는 것은 그 차이가 지극히 클 것이다.

예를 들면, 자주 인용되는 격언[17] 중에 컵에 물이 반이 남아 있는 상황은 똑 같은데 보는 관점에 따라 그 차이가 엄청날 수 있다. 즉, 물이 반밖에 안 남았다고 생각하는 것은 부정적 사고이며, 물이 반이나 남았다고 생각하는 것은 긍정적 사고이다. 이런 상황에서 이왕이면 좀 더 낙관적이고 긍정적으로 생각하는 것이 행동에 긍정적인 영향을 미칠 것이다. 그렇지만 그런 사고를 갖는 것 자체가 힘든 것도 사실이다.

미국의 철학자이자 심리학자인 제임스(W. James)는 자아의 구성요소를 물질적 자아, 사회적 자아, 심리적ㆍ영적 자아라고 주장하였다.

첫째, 물질적 자아는 나를 둘러싸고 있는 가시적인 물질적 측면, 즉 외모나 신체적 특성, 물질적 소유물(주택, 자동차) 등을 말한다.

둘째, 사회적 자아는 타인과의 관계 속에서 나타나는 자신의 신분과 위치를 말한다. 사회적 관계나 역할을 통해 드러나는 인간의 사회적 측면의 자아, 즉 가족, 친구, 교육, 이성, 사회적 신분 등의 관계에서 나타나는 것을 말한다. 그러나 중요한 것은 이런 것들이 곧 자기 삶의 전부가 아니라 일부분일 뿐이라는 것을 잊어서는 안 된다.

셋째, 심리적ㆍ영적 자아는 가치관이나 도덕기준 등과 관련된 내면적 특성을 말하는 것으로 성격, 능력, 적성 등을 말한다.

02 자아정체성

자아정체성이란 자신의 독특성에 대해 느끼는 것으로 행동이나 사고의 변화에도 불구하고 자신이 누구인가를 비교적 일관되게 인식하는 것을 말한다. 자아정체성을 규정하는 것은

첫째, 남과 다른 자기만의 독특한 특징을 지녀야 한다. 내가 남과 다르다는 것은 어릴 때부터 생기며, 청소년이 되었을 때 이러한 자기만의 특징은 취미생활, 적성 등에서 나타난다.

둘째, 그런 특징들이 비교적 오래 지속되어야 한다. 자신만의 독특한 특징이 수시로 변하는 것은 자아정체성이 아니다. 그러나 환경변화나 사건 등을 경험하면서 내면화[18]를 통해 변화되어 간다.

셋째, 자아정체성의 특징은 윤리적이고 도덕적이어야 한다. 자아정체성의 특징이 반사회적일 때는 그것을 자아정체성이라고 할 수 없다.

18) 내면화: 타인의 인지기능, 태도, 가치관 등을 자신의 사고체계에 병합시키는 것

그렇다면 자아정체성을 어떻게 찾고 확립할 것인가? 그것은 여러 방법이 있을 수 있는데, 자신의 소질을 찾는 것이 좋은 방법이다. 소질은 태어날 때 두리뭉실하게 태어나지만 예술이나 체육 분야는 어릴 때 쉽게 알 수 있다. 그러나 다른 분야는 쉽게 알 수 없으므로 자신이 관심 있는 분야에 대한 다양한 경험을 하다보면 좋은 결과가 나오고 재미를 느끼면 그것이 자기 적성에 맞는 것이다. 그렇지 않다면 다른 새로운 것을 찾아야 한다. 자신이 좋아하고 잘할 수 있는 것은 실천을 통해 노력하지 않으면 찾을 수 없다.

발달심리학자인 에릭슨(E. Erikson)은 자아정체성을 다음과 같이 설명하고 있다.

첫째, "~로서의 나" 사이의 통합의식이다. 이는 사회적 존재인 개인은 학생으로서의 나, 아들·딸로서의 나, 모임에서의 나 같은 다양한 지위를 지닌다. 자아는 이러한 다양한 관계를 하나로 통합하는 역할을 한다.

둘째, "과거, 현재, 미래의 나" 사이의 연속의식이다. 이는 과거의 나, 현재의 나, 미래의 나를 연속적으로 인식하고 자신의 행동에 신뢰감과 안정감을 갖게 하는 역할을 한다.

셋째, "주체적 자아와 객체적 자아" 사이의 조화의식이다. 이는 내가 나를 인식하는 주체적 자아와 타인이 나를 인식하는 객체적 자아를 일치시키는 것이다. 주체적 자아가 지나치게 발달하면 자아도취적인 태도를 지니게 되고, 객체적 자아가 지나치게 발달하면 타인에게 지나치게 의존한다. 이 두 자아가 조화를 이룰 때 너와 나의 관계가 정립될 수 있다.

넷째, "나는 나다."라는 실존의식이다. "나"라는 존재는 생물학적으로는 부모로부터 태어났지만 실존적으로는 오직 나인 존재이다. "나는 나다."라는 실존의식이 있어야만 자기기준과 자기만족에 대해 스스로 판단할 수 있다.

이러한 자아정체성이 확립되어 있어야만 자신의 삶을 스스로 선택하고 행복한 삶을 살 수 있다. 따라서 자신의 진로를 선택할 때 자아정체성을 바탕으로 삶의 의미를 찾고 방향이나 목적을 설정하는 것이 바람직하다.

03 > 자아노출

1. 자아노출의 효과

자아노출은 자신의 신상에 관한 기술이나 감정 혹은 생각을 남에게 전달하는 커뮤니케이션을 말한다. 즉, 개인이 의식적으로 언어적 또는 비언어적 수단을 통하여 자신의 생각, 감정, 경험 등에 관한 정보를 타인에게 표현하는 것을 말한다.

일반적으로 개방적인 자아노출은 감정정화, 복잡한 상황정리, 인간관계 개선 등과 같은 긍정적 측면이 있지만, 잘못된 자아노출은 상대방에게 부정적인 인식, 사회적 편견, 나의 약점 노출 등의 부정적 측면이 있다.

원만한 인간관계를 위해서는 자신이 먼저 마음의 문을 열고 타인에게 다가가야지만 타인도 마음의 문을 열고 진실하게 대한다. 자신의 마음의 문은 오직 자신만이 열 수 있으므로 마음의 문을 활짝 열고 타인과 정보를 공유하는 것이 인간관계를 심화시켜준다.

그러나 무조건적인 자아노출은 자제해야 하며 적절한 자아노출이 바람직하다. 즉, 건전한 자아노출은 균형잡힌 자아노출이며, 이는 자아노출의 대상이나 시간과 내용에 따라 노출수위를 정해야 한다.

최근에는 자아노출을 통해 상담의 효과를 높이거나 치료법으로 활용된다. 실제로 상담이나 심리치료에 있어서 적절한 시기에 상담자가 자신의 신상이나 경험, 생각, 감정을 말함으로써 내담자가 자신의 문제상황을 보다 분명하게 이해하거나 문제를 스스로 해결하는 방안을 찾는 데 도움을 준다. 또한 사람들이 어떤 정서를 경험하게 만든 스트레스나 외상과 같은 부정적 사건에 대해 말이나 글을 쓰게 함으로써 자신의 정서를 표현하게 하는 치료법도 있다.

2. 조해리의 창(Johari's Window)

미국의 심리학자 조지프 루프트(Joseph Luft)와 해리 잉검(Harry Ingham)은 인간의 마음을 네 가지 영역으로 나누었는데 두 사람의 이름을 따서 "조해리의 창(Johari's Window)"이라고 한다.

"조해리의 창"에 따르면 인간의 마음은 자신도 알고 타인도 아는 부분, 자신은 알지만 타인은 모르는 부분, 타인은 알지만 자신은 모르는 부분, 타인도 모르고 자신도 모르는 부분으로 나눈다. 자신은 알지만 타인은 모르는 부분을 용기내서 드러내고, 타인은 알지만 자신은 모르는 부분을 진정으로 받아들이면서 인간은 성숙해진다. 자신도 알고 타인도 아는 부분은 저절로 인정받게 마련이다. 그런데 자신은 알지만 타인은 모르는 치부를 감추고, 타인은 알지만 자신은 모르는 단점을 부정하다 보면 지나친 과시가 일어난다. 그래서 타인에게 과시할 만한 지위에 오르기 위해서 모든 것을 희생하거나 타인에게 과시할 수 있는 주택, 자동차, 명품을 장만하고 돈을 벌기 위해서 애를 쓴다.

이에 앞서 자신은 과시를 통해 감추고자 하는 마음은 없는지, 부정하고자 하는 마음은 없는지를 살펴보는 것이 필요하다.

🌺 조해리의 창

영 역	자신이 아는 부분	자신이 모르는 부분
타인에게 알려진 부분	개방된 자아 (open self)	맹목적 자아 (blind self)
타인에게 알려지지 않은 부분	숨겨진 자아 (hidden self)	미지의 자아 (unknown self)

🌱 영역별 특징

영역	특징
공개적 영역 (open area)	자신도 인식하고 타인도 인식하고 있는 자신에 관한 정보를 의미한다. 이 유형은 타인과 교류가 활발하고 대체로 원만한 인간관계를 맺는다. 또한 자기표현을 적절히 하면서 타인의 말을 잘 경청하는 사람으로서 다른 사람에게 호감과 친밀함을 주는 사람이 이 영역에 포함된다. 따라서 갈등을 거의 유발하지 않는다.
맹목적 영역 (blind area)	타인은 잘 알고 있지만 오히려 그 자신은 자기에 관하여 모르고 있는 부분이다. 그 결과 개인은 타인이 그것을 건드리면 우발적으로 화를 낼 수 있으며 갈등을 유발할 수 있다. 자기주장형, 전제형, 맹목적형인 사람들이 이 영역에 포함된다.
숨겨진 영역 (hidden area)	자신에 대해 자신은 인식하지만 타인은 나에 대해 인식하지 못한다. 신중형인 이 영역은 현대인에게 가장 많은 유형으로 알려져 있다. 이 영역의 사람들은 다른 사람의 이야기는 잘 듣지만 자신의 이야기는 잘 하지 않기 때문에 계산적이고 실리적인 경향이 있다. 사회생활에 잘 적응하지만 내면적으로는 고독감을 느끼는 경우가 많으며 타인의 협력을 구하기 어렵다.
미지의 영역 (unknown area)	자신에 대해 자신도 인식하지 못하고 타인도 인식하지 못한다. 이 영역은 고립형 인간관계 유형이며, 이 영역의 사람들은 인간관계에 있어 소극적이고 혼자있는 것을 좋아한다. 따라서 이 유형의 사람은 좀 더 적극적이고 긍정적인 태도를 가질 필요가 있다.

시사점 : 대인관계에서 갈등이 발생하는 것은 숨겨진 자아, 맹목적 자아, 미지의 자아가 차지하는 부분이 크기 때문이다. 따라서 인간관계를 잘하기 위해서는 미지의 영역을 줄이고, 개방적 영역을 넓히는 것이 바람직하다. 즉, 활발한 인간관계가 이루어지는 개방형(공개적 영역)이 가장 바람직한 유형이라고 할 수 있다.

04 자아암시(autosuggestion)

일체유심조(一切唯心造)는 "세상사 모든 일은 자신이 마음먹기에 달려 있다." 는 뜻이다. 길흉화복(吉凶禍福) · 흥망성쇠(興亡盛衰) · 희로애락(喜怒哀樂) 등은 다 밖으로부터 오는 것이 아니요, 인간의 마음에서 그렇게 만든다는 것이다. 자신의 내면을 살펴 긍정적 사고를 갖도록 하자.

자아암시는 나의 무의식에 자신이 원하는 바를 주입하는 것이다. 즉, 제3자가 아닌 내가 나를 이끌어가는 주체가 됨으로써 주도적으로 자신의 삶을 바꾸어가는 것이다.

사람은 같은 말을 반복해서 하거나 듣다 보면 또는 자신이 원하는 바를 꾸준히 말하고 다짐하다 보면 믿음이 생기고 확신을 키우게 된다. 그러다보면 불가능하게 보였던 일들이 이루어지고 복잡한 문제들이 하나 둘 해결되는 경험이 있을 것이다. 이처럼 자아암시는 목표의식을 고취하고 성장을 돕는 유용한 역할을 담당한다. 즉, 성공을 마음에 그리면서 스스로 발전을 이루는 과정을 말한다.

예를 들면, 취업준비생이 합격 뒤의 밝은 미래를 상상하거나 경영자가 아침마다 자신의 성공을 다짐하는 것도 모두가 같은 원리이며, 유명 스포츠 선수들의 기록 경신에도 많이 사용되는 방법이다. 올바른 기술 습득을 위하여 머릿속에 그 운동이나 동작을 그려보는 이미지 트레이닝(image training)이 실질적으로 선수들의 경기력을 향상시켜준다.

자기암시는 여러 가지 실험을 통해서 큰 효과가 있는 것으로 밝혀졌으며, 가장 효과 있는 자기암시는 자신의 미래(성공)를 그려보는 자기암시이다. 미래를 그려보는 자기암시는 자신의 운명까지도 바꿀 수 있다. 인간의 능력은 무한하다고 한다. 하지만 자기 스스로 한계를 짓기 때문에 할 수 없는 것이다.

따라서 "나는 할 수 있다^(I can do it!)."는 자신감을 갖고 현실적 문제를 슬기롭게 대처하고 미래의 성공을 위해 준비하고 노력해야 한다. 이러한 자기 암시로 긍정적인 에너지가 생기고 동기부여가 되어 하는 일에 더 전력할 수 있다. 이때 "매일 최선을 다하자."라는 원론적인 다짐보다는 구체적으로 미래의 자신의 모습^(취직, 시험합격, 경영자, 전문가, 연예인)을 그려보는 것이 성공가능성을 높일 수 있다.

자기 암시 10 가지 법칙

1. 간절히 원하면 이루어진다라는 믿음을 갖는다.

2. 자신의 내면을 살피고 덕(德)을 쌓는다.

3. 긍정적이고 적극적인 마인드를 가져라.

4. 습관처럼 성공을 말하라. 할 수 없다고 말하는 순간 실패한다.

5. 자신이 원하는 것을 존중하고 믿고 행(行)하라.

6. 모든 원인은 내 탓이다. 그래야 현실을 인정하고 새로운 변화를 시도할 수 있다.

7. 내일은 없다. 미루지 말라.

8. 불안은 실패의 지름길이다. 평정심을 유지하라.

9. 하루에도 수십 번씩 반복해서 말하라.

10. 잠들기 전에 하루를 반성하고 긍정적인 상상을 해라.

05 첫인상(first impression)

미국의 링컨 대통령은 "모든 사람은 나이 40이 되면 자기 얼굴에 책임을 져야 한다(Every man over forty is responsible for his face)."라고 했다. 이는 그 사람이 40년동안 살아온 인생의 모든 것이 얼굴을 통해 나타난다는 의미일 것이다.

인상이란 어떤 사람이나 사물에 대해 총체적으로 요약된 평가를 말한다. 예를 들면, 인상은 얼굴, 복장, 헤어스타일, 태도, 목소리 등을 통해 형성되며, 일단 형성된 첫인상은 쉽게 바뀌지 않는다. 동일한 정보라도 먼저 제시된 정보가 더 큰 힘을 발휘하는 "초두효과(primacy effect)"처럼 한 번 형성된 첫인상(좋은 또는 나쁜)은 콘크리트처럼 단단해 향후 관계나 의사소통에 지속적으로 영향을 준다.

이와 반대현상으로는 "빈발효과(Frequency Effect)"가 있는데, 이것은 첫인상이 나쁘더라도 반복해서 제시되는 행동이나 태도 등에서 첫인상과는 달리 진솔한 모습을 보이게 되면 점차 좋은 인상으로 바뀌는 현상을 말한다.

첫인상은 소통의 시작이다. 직접 만나 이야기하는 커뮤니케이션뿐만 아니라 트위터나 페이스북과 같은 SNS(Social Networking Service)를 통해 만난 상대에 대해서도 첫인상을 형성한다.

따라서 첫인상을 좋게 할 필요가 있다. 선천적으로 타고난 신체적 조건은 고치기 힘들지만 혈색이나 자아이미지는 자신이 마음먹기에 따라 얼마든지 자신감 있고 호감 주는 인상으로 만들 수 있다.

인상을 좋게 하는 방법은

첫째, 일반적으로 우리는 겉으로 드러나는 외모나 옷차림으로 사람을 판단하는 경향이 있으므로 얼굴, 복장, 헤어스타일 등을 단정하고 깔

끔하게 관리해야 한다. 하지만 더 예뻐지기 위한 성형은 당장은 젊고 예뻐 보여 만족스러울지 몰라도 나중에 부작용이 나타날 수 있으므로 주의해야 하며, 보기 흉한 상처나 기형적인 부분에 한정해서 성형을 하는 것이 바람직하다.

둘째, 좋은 인상은 외모도 중요하지만 인간의 마음에서 나오는 것이다. 인간을 가장 아름답게 만드는 것은 덕을 쌓아가는 것이다. 덕을 쌓아가기 위해서는 언제나 긍정적인 삶을 살고, 매사에 감사할 줄 알아야 한다. 편안하고 좋은 인상은 하루아침에 만들어지지 않기 때문에 꾸준히 노력하고 관리해야 한다.

셋째, 사람들은 편안하고 인간적인 인상을 가진 사람을 선호한다. 이것은 직장생활, 사회생활을 하는 데 긍정적인 영향을 준다. 호감 있는 인상을 만들기 위해서는 화려한 이미지보다는 자신만의 개성 있는 이미지를 연출하고, 자신에게 어울리지 않는 고급 밍크코트보다는 깨끗하고 검소한 자신과 잘 어울리는 옷을 입는 것이 좋다.

가장 좋은 인상은 내면으로부터 나오는 인상이며, 외모는 깔끔하고 단정하게 가꾸고 성실한 자세, 건강한 모습, 겸손한 태도 등 자신의 특징을 살려 자신만의 자아이미지(self-image)를 만드는 것이 무엇보다 중요하다.

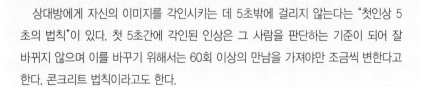

첫인상 5초의 법칙

상대방에게 자신의 이미지를 각인시키는 데 5초밖에 걸리지 않는다는 "첫인상 5초의 법칙"이 있다. 첫 5초간에 각인된 인상은 그 사람을 판단하는 기준이 되어 잘 바뀌지 않으며 이를 바꾸기 위해서는 60회 이상의 만남을 가져야만 조금씩 변한다고 한다. 콘크리트 법칙이라고도 한다.

좋은 인상 만드는 법	1	이미지 트레이닝(동경하는 사람을 떠올리며 닮으려 노력)을 한다.
	2	내면을 살피고 덕을 쌓는다. → 매일 30분씩 명상을 한다.
	3	건강관리를 한다. → 일주일에 3~4번 정도, 1시간씩 규칙적으로 운동을 한다.
	4	미소 짓는 습관을 갖는다. → 거울을 보고 웃는 연습을 한다.
	5	진정 어린 눈빛으로 교정한다. → 눈은 마음의 창이다.

Self-examination & Future plans

(전공 :　　　　　　학번 :　　　　　성명 :　　　　　　)

1. 나는 어떤 사람인가에 대해 생각해 본다. 자신의 내면을 살펴 구체적으로 작성한다.

작성요령 : 자아정체성, 가치관, 성향, 강점 및 약점, 능력, 꿈 등을 고려하여 작성한다.

2. 다른 사람들이 나를 어떻게 생각하는지를 알아본다.

구 분		주변 사람들(가족, 친구) 생각
성 향	장 점	
	단 점	
재능·소질		
신체조건		

Chapter 03

개인차의
이해

Chapter 03 개인차의 이해

이 장에서는 인간의 개인차에 대해서 학습한다. 즉, 개인의 지능·감성·사회지능, 신체조건, 감각기관, 가치관, 성향, 능력 등의 개인차가 진로선택이나 인생설계에 미치는 영향에 대해서 학습한다. 또한 다양한 성격유형별 특징에 대해서도 살펴본다.

Key Word : IQ, EQ, SQ, 가치관, 성향, 감각, 신체적 특징

　　인간은 누구나 개인차가 있다. 자신의 진로를 선택할 때 지능·감성·성향·신체조건 같은 개인차와 소질·흥미를 고려하여 결정하는 것이 바람직하다.

　　예를 들면, 대부분 운동선수의 경우 신체조건·감각기능, 경영자의 경우 지적 능력·판단력·리더십, 셰프(요리사)의 경우 미각·감각기능, 미용사의 경우 미적·감각기능, 네이미스트(Namist)의 경우 언어감각·창의력, 이미지 컨설턴트의 경우 미적·관찰력이 뛰어나면 유리하다고 볼 수 있다.

　　그러나 이러한 것은 절대적인 것이 아니며 노력을 통해 얼마든지 극복할 수 있다.

01 지능 · 감성 · 사회지능

인간이 지니고 있는 지능 · 감성 · 사회지능은 타고난 유전적 요인과 후천적 환경요인의 영향을 받아 형성되므로 개인마다 모두 다르다. 그러므로 개인차는 신체조건, 지능, 성향, 욕구, 소질, 흥미, 경험, 학습, 종교, 감각, 능력 등 헤아리기 어려울 정도로 많으며, 또한 그 분류방법도 학자에 따라 다양하다.

개인차에 대한 연구는 사회가 복잡화 · 고도화됨에 따라 더욱 발전하고 있다. 최근에는 개인차를 과학적으로 측정하여 기업의 조직관리에 적용할 뿐만 아니라 다른 분야에도 폭넓게 활용하고 있다. 실제로 기업에서는 직원을 선발할 때 해당 직무를 가장 잘 수행할 수 있는 자질과 역량을 갖춘 자, 즉 직무적합도[19]를 평가하여 채용하고 있다.

1. 지능(IQ ; Intelligence Quotients)

지능은 개인이 어떤 문제를 합리적으로 사고하고 해결하는 인지적 능력과 학습능력을 포함하는 총체적인 능력을 말하며, 기억력뿐만 아니라 지각력, 상상력, 판단력, 추리력 등도 포함한다.

예전에는 지능은 선천적으로 타고나는 고정적인 특성으로 가정하여 측정된 지능의 개인차를 근거로 선발하였지만, 최근에는 지능을 후천적으로 성장하는 변동적인 능력으로 판단하고 환경, 훈련, 자극 등을 통해 지적 능력을 향상시키고 있다.

또한 인간은 잠재된 다방면의 뛰어난 다중지능이나 잠재능력을 지니고 있기 때문에 지능지수만을 가지고 인간을 판단하거나 선입견을 가져서는 안 된다.

 IQ 분류등급표

IQ-분류	IQ-분류	IQ-분류	IQ-분류
140 이상 - 최우수	110~119 - 평균(상)	90~99 - 평균	70~79 - 장애한계
130~139 - 우수	100~109 - 평균	80~89 - 평균(하)	69 이하 - 정신박약

출처 : http://blog.naver.com(재구성)

2. 감성지수(EQ ; Emotional Quotients)

감성지수는 IQ와 대조되는 개념으로 자신의 감정을 적절히 조절하고 원만한 인간관계를 구축할 수 있는 "마음의 지능지수"를 뜻한다. 즉, 감정지수란 타인의 감정과 자신의 감정을 이해하고 적절히 대처하는 능력이다.

최근에는 감성지수에 대한 관심이 높아지고 있다. 이는 각박해진 현대사회에 대한 불안한 심리와 물질만능주의, 나아가 인터넷 환경을 이용한 SNS(Social Network Services)의 급속한 성장에 따른 타인과의 유대가 결여된 비인격적 인간관계 때문인 것으로 분석된다.

감성을 다른 관점에서 살펴보면 첫째, 감각기관(오감)이 외부로부터 자극을 받아 감각·지각을 생기게 하는 감수성을 의미한다. 둘째, 도덕적 감성은 이성의 선·악에 대한 판단에 따라야 하는 감각으로부터 일어나는 충동·욕망으로 간주한다. 셋째, 심리학에서는 감성은 자극과 자극의 변화에 대한 감각적 감도의 예민한 정도를 가리킨다. 자극감성이라고도 한다.

3. 사회지능지수(SQ ; Social Intelligence Quotients)

사회지능은 사회성[20]과 밀접한 관련이 있다. 이는 사회적 관계나 인간관계에서 타인을 이해하고 동시에 그 관계 속에서 적절하게 대처하고 행동하는 능력을 말한다.

20) 사회성 : 사회생활을 하려고 하는 인간의 근본 성질, 인격, 혹은 성격 분류에 나타나는 특성의 하나로 사회에 적응하는 개인의 소질이나 능력, 대인관계의 원만성 정도

최근 미국의 심리학자 다니엘 골먼(D. Goleman)은 사회지능의 중요성을 강조하고 있다. 기업이 생산성을 높이고 공동의 목표를 달성하기 위해서는 효율적인 조직을 구축해야 한다. 이때 조직 구성원들은 상호관계나 업무를 수행하는 과정에서 직·간접적으로 부딪치게 되는데, 사회지능지수가 높으면 업무성과나 부하를 통솔하는 데 긍정적인 효과를 기대할 수 있다. 따라서 기업에서는 관리직(임원)을 발탁할 경우에 사회지능을 갖춘 인재를 우선적으로 선발하는 사례가 많아지고 있다.

02 신체조건 · 감각기관

대개 육안으로 식별할 수 있는 신체조건에서도 개인차가 있다. 예를 들면, 덩치가 큰 사람도 있고 작은 사람도 있고, 몸이 뚱뚱한 사람도 있고 왜소한 사람도 있으며, 힘이 센 사람도 있고 약한 사람도 있다. 따라서 자신의 진로를 선택할 때 체력을 요구하는 특정 분야는 신체조건을 고려해야 한다.

감각기관에 있어서도 개인차가 있다. 인간은 오감(시각, 청각, 후각, 미각, 촉각)을 통해 어떤 자극을 받아들이고 여기서 얻은 각각의 정보를 조직화하여 나름대로 해석(이해)함으로써 안전하게 일상생활을 유지한다. 이러한 지각과정은 총체적으로 판단함으로써 하나의 감각에 장애가 있더라도 다른 감각정보로 보완할 수 있다. 대개 육안으로 식별할 수 있는 신체조건과 달리 오감은 육안으로 식별하기 어렵다.

03 가치관

   가치관은 인간이 어떤 세계나 그 속의 어떤 대상에 대하여 가지는 평가의 근본적 태도나 관점을 말한다. 즉, 개인이 나름대로 가지고 있는 가치에 대한 관념을 말하며 옳은 것, 바람직한 것, 해야 할 것 등에 대한 일반적인 생각을 가치관이라 한다.

   인간이 자라면서 부모, 교사, 친구, 대중매체(TV. 신문), 종교, 여행, 경험, 학습 등의 영향을 받아 형성된 가치관은 주관적이고 지속적이며 안정적인 속성을 갖고 있다.

   가치관은 개인적 가치관과 사회적 가치관으로 구분한다. 개인적 가치관은 개인의 선호 의지에 따라 명백해지는 반면, 사회적 가치관은 개인적 가치관보다 범위가 넓고 안정적이며 공식성을 지닌다.

   이러한 가치관은 인간의 행동에 직접적인 영향을 미치며, 여러 가지 대안 중 하나를 선택할 때 판단의 기준이나 표준이 된다.

04 성향

   성향은 개인을 특징짓는 지속적이며 일관된 행동양식을 말한다. 성향은 일반적으로 선천적으로 타고난 유전적 요인과 후천적 환경요인의 영향을 받아 형성되며, 흔히 성격, 인품, 인격 등의 의미로 사용된다.

성향은 다음과 같은 특징이 있다.

첫째, 인간의 사고, 감정, 행위 등과 같은 일련의 행동과 관련이 있으며, 한 개인의 성향은 그 개인의 행동을 관찰하는 타인에 의해 판단된다.

둘째, 동일한 자극에 대해 일관되게 지속적으로 반응하려는 행동경향을 지닌다.

셋째, 다른 사람과 구별할 수 있는 독특성을 지니고 있다.

1. 성향의 결정요인

초기의 성향연구는 인간이 태어날 때부터 선천적인 유전의 영향을 받아 형성되느냐 아니면 후천적인 환경의 영향을 받아 형성되느냐가 관건이었는데, 성향은 이들 두 가지가 상호 결합한 결과라는 것이 지배적이다. 최근에는 제3의 요인인 상황이 성향에 미치는 영향에 대해 관심이 고조되고 있다.

원만한 인간관계를 위해서는 상대방과 조화를 이룰 수 있는 성격을 가져야 한다. 그러기 위해서는 먼저 자신의 성향을 잘 파악하여 강점은 강화하고 약점은 보완하려는 노력을 기울여야 한다. 최근 기업에서 필요로 하는 인재상은 직무수행능력은 물론 조직에 잘 화합할 수 있는 "인성을 갖춘 자"라는 것을 가슴깊이 새겨야 한다. 이를 위해 평소에 바른 인성을 갖추도록 끊임없이 노력해야 한다.

2. 성향을 분석하는 방법

(1) 혈액형

혈액형은 피 속의 세포 표면에서 항원역할을 하는 물질이 무엇인가에 따라 구분하는 방법이다. 가장 널리 알려진 혈액형은 A 또는 B항원을 가지고

있는지 아닌지에 따라 구분하는 방법이다. 혈액형별로 성향의 특징을 살펴
보면 다음과 같다.

 혈액형별 특징

구 분	남 성	여 성
A형	· 남의 말을 잘 들어준다. · 예의바른 모범생 타입으로 대인관계에서 주변 사람들과 잘 조화를 이룬다. · 안정적이고 착실한 사랑을 하며 결혼을 할 때에는 다소 소극적이다. · A형에게 호감이 있는 여성은 처음에는 한 발 물러서서 천천히 접근하는 것이 좋다. · 자존심이 강한 편이며 상처를 잘 받는다.	· 대체로 세심하고 꼼꼼하다. · 상대방의 입장을 잘 배려하지만 다소 소극적이고 주관이 뚜렷하지 못한 모습을 보이기도 한다. · 조심스럽고 애틋한 사랑을 기다리며 사귀기 시작하면 일편단심이다. · 보수적 성향이 강해서 성급한 접근은 피해야 한다.
B형	· 주관이 뚜렷하고 개인주의적인 성향이 강하다. · 독립성이 강하고 짜 맞춰진 틀이나 고정관념을 깨는 생각이나 행동을 한다. · 연애를 할 때도 자유로우며 편안한 관계로 발전된 사랑을 한다. · 분위기를 잘 타는 감성적 성향이 있으므로 좋은 타이밍을 이용하여 상대해야 한다.	· 독립적이고 개성이 강하지만 어떤 대인관계도 잘 적응한다. · "될 대로 되라"식의 자유로운 생각이 있어 때로는 도발적 행동으로 주위를 놀라게 할 수 있다. · 개성이 강하며 겉으로는 활달하지만 속으로는 깊은 생각을 한다. · 자기애가 강하다.
O형	· 사교성, 대인관계가 좋으며 주변에 항상 사람이 많다. · 열정적이고 적극적인 행동파이고 어떤 분위기도 리드해 나갈 수 있는 능력이 있다. · 리더십과 승부욕이 강하다. · 솔직하고 직접적으로 접근하는 것이 효과적이다. · 사랑에 있어서도 서슴없이 먼저 뛰어든다.	· 자유로우면 여성운동가 타입의 성향을 보인다. · 자신의 매력을 잘 표출하여 솔직하고 확실한 성격으로 많은 사람에게 인기를 얻을 수 있다. · 순간순간의 문제 해결력이 뛰어나고 단순하지만 그 구도는 머릿속에 그리고 있다. · 사회생활도 결코 뒤지지 않으려 할 것이며 멋진 커리어우먼을 그린다.

구 분	남 성	여 성
AB형	· A형의 치밀함과 B형의 독립적, 개인적인 성향, 즉 양면적인 성향을 가지고 있다. · 인간관계를 밀착하지 않고 좀 떨어져서 대하기 때문에 숨기는 부분들이 있다. · 남과의 만남이 깊어지는 것을 꺼려하며 계획적으로 일을 수행하려 한다. · AB형에게 사랑을 얻기는 그리 쉽지 않다. 하지만 한 번 담은 사랑은 쉽게 변하지 않는다.	· 무언가 베일에 싸인듯한 느낌의 신비감을 조성한다. · 이것저것 잔재주가 많고, 개인적인 자기 일에 굉장히 충실하다. · 지적이고 합리적이며, 치밀한 계획에 따라 행동하려는 경향이 있고 자기 관리를 잘한다. · 시간을 두고 자연스레 가까워지는 만남을 하며 부담스런 관계는 거부한다. · 합리적이고 차가운 성격의 그녀에게 첫눈에 반하는 상대는 나타나지 않는다.

(2) MBTI

MBTI(Myers-Briggs Type Indicator)는 마이어스(Myers)와 브릭스(Briggs)가 정신분석학자인 칼 융(Carl Jung)의 심리유형론을 토대로 고안한 자기보고식 성격유형 검사도구이다.

MBTI는 다음과 같은 4가지 분류기준에 따라 구분한다. 첫째, 정신적 에너지의 방향성을 나타내는 외향-내향(E-I) 지표, 둘째, 정보 수집을 포함한 인식의 기능을 나타내는 감각-직관(S-N) 지표, 셋째, 수집한 정보를 토대로 합리적으로 판단하고 결정내리는 사고-감정(T-F) 지표, 넷째, 인식기능과 판단기능이 실생활에서 적용되어 나타난 생활양식을 보여주는 판단-인식(J-P) 지표로 구분한다.

MBTI는 이 4가지 선호 지표가 조합된 양식을 통해 16가지 성격유형을 설명하여 성격적 특성과 행동의 관계를 이해하도록 한다. MBTI는 시행이 쉽고 간편하여 학교, 직장, 군대 등에서 광범위하게 사용되고 있다.

대부분 학교에서 성향검사를 실시하고 있기 때문에 학생들은 저학년 때 받아보는 것이 바람직하다.

 ## MBTI의 16가지 유형

ISTJ (내향성 감각형)	ISFJ (내향성 감각형)	INFJ (내향성 직관형)	INTJ (내향성 직관형)
세상의 소금형	임금 뒤편의 권력형	예언자형	과학자형
ISTP (내향성 사고형)	ISFP (내향성 감정형)	INFP (내향성 감정형)	INTP (내향성 사고형)
백과사전형	성인군자형	잔다르크형	아이디어 뱅크형
ESTP (외향성 감각형)	ESFP (외향성 감각형)	ENFP (외향성 직관형)	ENTP (외향성 직관형)
수완 좋은 활동가형	사교적인 유형	스파크형	발명가형
ESTJ (외향성 사고형)	ESFJ (외향성 감정형)	ENFJ (외향성 감정형)	ENTJ (외향성 사고형)
사업가형	친선도모형	언변 능숙형	지도자형

MBTI 유형별 특징

유형별	특 징
세상의 소금형	시작한 일은 끝까지 해내는 사람
임금 뒤편의 권력형	성실하고 온화하며 협조를 잘하는 사람
예언자형	통찰력 있는 사람
과학자형	부분을 통합하여 비전을 제시하는 사람
백과사전형	논리력, 상황적응력이 뛰어난 사람
성인군자형	따뜻한 감성을 지니고 겸손한 사람
잔다르크형	이상적인 세상을 만들어가는 사람
아이디어 뱅크형	비평적인 관점을 지니고 있는 전략가
수완 좋은 활동가형	다양한 활동을 선호하는 사람
사교적인 유형	분위기를 고조시키고 우호적인 사람
스파크형	열정적으로 새로운 관계를 만드는 사람
발명가형	상상력을 가지고 새로운 것에 도전하는 사람
사업가형	사업수행능력이 뛰어난 사람
친선도모형	다른 사람들에게 봉사하는 사람
언변 능숙형	언변이 좋고 타인과 협동하는 사람
지도자형	비전을 가지고 적극적으로 이끌어가는 사람

(3) 에니어그램(enneagram)

"에니어그램"이란 말은 그리스어의 "아홉(ennea)"이란 단어와 "모형(gram)"이란 단어를 조합한 것이며, 기원전 2500년경부터 중동아시아에서 유래한 고대의 지혜로 알려져 있다.

에니어그램은 인간을 9가지 성향으로 분류하는 성향유형의 지표이자 인간을 이해하는 틀이다. 즉, 인간이 느끼고 생각하고 행동하는 유형을 9가지로 분류하여, 이 중 하나의 유형을 타고난다고 설명하는 행동과학이다. 9가지 유형은 각각 독특한 사고방식, 감정, 행동을 표현하며, 이는 서로 다른 발달행로와 연결된다.

에니어그램에는 "어느 타입이 뛰어나고 어느 타입이 열등한가?"라는 우열은 없다. 어느 타입이라도 장·단점을 갖고 있으며, 각 타입의 사람들은 모두 다 사회에서 중요한 역할을 한다는 것이다.

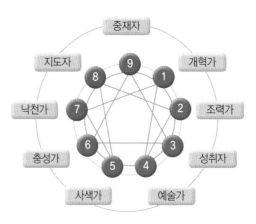

▲ 에니어그램 모형

에니어그램 유형별 특징

유형별	특 징
1유형	완벽함을 추구하는 개혁전문가
2유형	타인에게 도움을 주려는 조력전문가
3유형	성공을 중시하는 성취전문가
4유형	특별한 존재를 지향하는 창조전문가
5유형	지식을 얻어 관찰하는 지식전문가
6유형	안전을 추구하고 충실한 질문전문가
7유형	즐거움을 추구하고 계획하는 선택전문가
8유형	주장이 강한 도전전문가
9유형	조화와 평화를 바라는 화합전문가

MBTI와 에니어그램의 특징 비교

MBTI	에니어그램
각 유형의 개성을 살린 개별화된 인간을 이상적인 인간상으로 본다.	내면세계에서 모든 유형을 통합시킨 초월적 인간을 이상적인 인간상으로 본다.
이분법으로 성격을 분류한다.	삼분법으로 성격을 분류한다.
기본 유형의 개수는 16개이다.	기본 유형의 개수는 9개이다.
성격유형은 독립적이고 불연속적이다.	성격유형은 연결되어 있고 연속적이다.
행동 자체에 초점을 맞춘다.	행동의 동기에 초점을 맞춘다.
강점과 선호 경향을 강조한다.	약점과 내면의 집착을 강조한다.
인간의 성격 성향은 환경에 따라 변한다고 본다.	완성된 성격은 결코 변하지 않는다고 본다.

출처 : http://cafe.naver.com(재구성)

(4) DISC(행동유형)

한국교육컨설팅 연구소는 개개인의 DISC 행동유형을 알아보기 위하여 "PPS(Personal Profile System)/개인 프로파일시스템"을 이용하였다. 이 도구는 개개인의 차이를 이해하고 각 개인의 독특한 행동유형을 평가하고 그에

대한 행동계획을 세우고 각기 다른 사고·감정·행동의식을 서로 이해하
며 감정을 최대화할 수 있는 상호 보완적 관계에 도움을 준다.

이러한 PPS는 개인이 자기 자신의 행동을 묘사하는 데 있어서 가장 잘 표
현하는 것과 가장 잘 표현하지 않을 것이라고 생각하는 설명이 된 단어를
선택하여 D형 : Dominance(주도형), I형 : Influence(사교형), S형 : Steadiness(안정
형), C형 : Conscientiousness(신중형)의 4가지 유형으로 구분하여 자신의 성향
이나 행동유형을 스스로 평가한다.

인간은 자신의 행동유형과 강점을 발견하여 유용하게 활용할 수 있으며,
행동유형에 따라 타인의 행동을 이해하고 다른 사람과 효과적으로 상호작
용할 수 있다. 이를 통하여 자신에게 맞는 갈등관리법, 효과적인 대인관계
법, 효과적인 학습방법, 스트레스대처법 등을 발견할 수 있다. 각각의 행동
유형별 특성 및 장단점을 살펴보면 다음과 같다.

🌸 DISC(행동유형별) 특성

유형	특성
D(주도형)	D형은 대체적으로 자기주장이 강하다. 장점은 강력한 리더십을 발휘하고 적극적으로 행동한다. 반면 이러한 적극적이고 공격적인 행동이 타인에게는 냉정하고 독불장군처럼 비추어질 수 있으며, 지나치게 완고하거나 조급한 행동으로 인해 실패하기도 한다.
I(사교형)	I형은 사물이나 세상을 보는 관점이 긍정적이고 낙관적이다. 장점은 열정적이고 설득력이 있으며 변화나 사물에 대해 관심이 많다. 반면 산만함, 비체계성, 비조직성 등의 단점이 있고, 반복적인 일에 쉽게 싫증을 느끼기 때문에 계속해서 자극이 필요하며, 이를 충족하지 못하면 새로운 것을 찾아 이리저리 떠돌아다닌다.

S(안정형)	S형은 안정과 안전에 대한 기본적 욕구를 가지고 있으며, 언제나 조화롭고 균형감 있는 환경을 조성하려고 노력한다. 장점은 꾸준함, 성실함, 인내심이 있어 타인과는 원만한 관계를 유지하며, 안정적인 자세로 순차적으로 업무를 추진한다. 반면 단호한 사람들의 요구나 강압에 대해 쉽게 양보하고 희생하기 때문에 자기표현에 대해 소극적이고 때로는 우유부단한 모습으로 비추어진다.
C(신중형)	C형은 치밀하고 논리적, 비판적이며, 무엇을 하든지 성실하게 자신의 능력을 다하여 최선을 다한다. 항상 정확성을 추구하기 때문에 수시로 사안들을 검토하고 분석하며 과정과 절차에 있어서도 매우 계획적이고 치밀하며 꼼꼼한 모습을 보인다. 반면 지나친 경우 완벽주의 태도나 결벽증을 보이기도 하며 지나치게 신중한 태도가 오히려 너무 오랜 시간을 소요하여 기회를 놓치는 경우가 있다.

(5) 내향성/외향성

내향적인 성향을 지닌 사람은 안정적인 환경에서 예측 가능한 일이나 반복적인 일을 좋아한다. 이들은 사무원, 회계전문가, 교사 등의 직업을 선호한다.

외향적인 성격을 지닌 사람은 내향적인 성향을 지닌 사람보다 사교적이며 자기주장이 강하고 활동적이다. 따라서 반복적인 직무는 쉽게 싫증을 느끼거나 부정적인 반응을 보이는 반면, 오히려 새로운 일이나 예측 불가능한 일을 좋아한다. 이들은 경영, 영업, 예술 등의 직업을 선호한다.

위와 같이 인간의 성향을 여러 가지 유형으로 나눠 살펴보았다. 그러나 인간은 특정한 성향만을 지니고 있다기보다는 복합적으로 내재되어 있다고 보는 것이 타당할 것이다. 다만, 그 중에서 어느 유형이 높으냐 낮으냐를 살피면 되는 것이다. 따라서 여러 가지 방법으로 자신의 성향과 적성을 분석하여 진로를 선택할 때 고려해야 한다.

Self-examination & Future plans

(전공 :   학번 :   성명 :   )

1. 자신의 좋은 성향 10가지를 찾고 그 이유를 설명하세요.

좋은 성향	이유

작성요령 : 자신의 내면을 살피거나 주변 사람(부모나 친구)에게 물어보는 것도 좋다.

2. 자신의 나쁜 습관 10가지를 찾고 실질적인 개선방법을 찾아보세요.

나쁜 습관	실질적인 개선방법

작성요령 : 자신의 잘못된 습관을 살피거나 주변 사람(부모나 친구)에게 물어보는 것도 좋다.

Chapter 04

환경변화

Chapter 04 환경변화

기업의 경쟁은 날이 갈수록 치열해지고 있다. 이 장에서는 기업을 둘러싸고 있는 환경변화 및 직업변화에 대해 살펴보고 그에 따른 원인과 대책에 대해서도 학습한다. 최근 기업은 경쟁력을 갖춘 능력 있는 인재를 찾고 있으나 구인난에 시달리고 있는 반면, 학생들은 심각한 구직난을 겪고 있는 이율배반적인 모순에 빠져 있다. 게다가 실버세대와의 세대 간 충돌 가능성마저 대두되고 있다.

Key Word : 산업구조, 기업이 원하는 인재상, 학생들의 욕구, 선택과 집중, 직무적합도, 창의력, 문제해결능력, 인성

01 산업구조의 변화

우리나라의 산업구조의 변화는 1962년 경제개발 5개년 계획 이후 급속한 공업화가 진행되고 사회간접자본이 확충되면서 시작되었다. 이에 따라 1차 산업(농업, 수산업)의 비중이 크게 감소하였고, 2차 산업(광업·제조업·건설업)도 점차 감소하는 추세인 반면, 3차 산업(상업·금융·보험·운송·통신·기타 서비스업)은 빠르게 발전하고 있다. 나아가 3차 산업을 상업, 금융, 보험, 수송에 국한시키고, 정보, 의료, 교육, 서비스산업 등 지식 집약적 4차 산업과 패션, 오락 및 레저 산업 등과 같은 5차 산업을 확대 도입하고 있다.

우리나라의 경제는 "한강의 기적"으로 불릴 만큼 짧은 기간에 급속한 발달을 이룩하였지만 아직도 선진국에 비하면 기술력에서 차이가 있다. 첫째, 각 산업의 핵심기술과 자본을 외국에 의존하고 있으며 둘째, 각 산업 부문과 지역 간 불균형이 심하고 셋째, 식량, 공업 원료, 에너지 등의 수입 의존도가 높고 넷째, 수출·입에 편리한 주요 산업시설이 편중 분포하고 있으며 다섯째, 산업 전체가 국제 경제환경의 변화에 민감하게 작용한다.

그 이외에도 세계시장의 흐름을 이해할 필요가 있다. 21세기는 정보화와 글로벌화 시대이다. 특히 글로벌화에 관해서는 미국 중심의 패권적 자본주의 심화과정이라는 비판도 있지만, 그럼에도 불구하고 세계 각국이 교통·통신·정보기술이 혁신적으로 발전함에 따라 어느 정도 보편성을 획득하고 있다. 그리고 다른 선진국들과 최근 양적·질적으로 급부상하고 있는 중국이 미국의 패권주의에 어느 정도 견제와 균형을 이루고 있다.

22) 신자유주의 : 자본주의 경제의 근본적 불안정성을 전제로 정부의 적극적 개입을 내세운 케인스주의가 쇠퇴하면서 재등장한 신고전파 경제학 전통을 이어받은 이념으로 개방화, 자유화, 민영화, 탈규제, 탈복지 등을 내세운다. 신자유주의 이론은 1970년대 후반부터 국민경제에서든 국제경제에서든 국가나 정부 차원의 모든 인위적인 개입을 공격하면서 "자유시장" 논리를 주장한다.

또한 세계 각국은 장기적인 관점에서 자국 산업을 보호하기 위한 관세가 오히려 산업발전에 저해된다고 판단, 신자유주의[22]를 기본적으로 믿는 나라끼리 맺는 자유무역협정, 즉 국가 간 FTA 체결이 가속화되고 있다. FTA를 체결하면 상대국 시장에서 가격경쟁력이 높아져 수출을 증대시키는 긍정적 효과가 있다. 그러나 단기적으로는 국내시장에서 자국산업이 어려움을 겪을 수밖에 없으나, 장기적으로는 오히려 경쟁력을 키워 해외시장에서 경쟁우위를 확보할 수 있다.

따라서 이러한 대내외적인 급속한 환경변화에 적절히 대응하기 위해서 향후 진로를 준비하는 학생들은 무엇보다 전략적 접근(체계적인 준비과정)과 글로벌 시대에 맞는 자격과 역량을 갖추는 것이 필요하다.

02 직장/직업환경의 변화

1. 직장

직장은 사람들이 일정한 직업을 갖고 일하는 곳으로 가계를 유지하는 중요한 수단이자 궁극적으로는 개인의 자아실현과도 밀접한 관련이 있다. 최근에는 인터넷의 급속한 발전과 보편화로 일의 집중화[23]가 해체되고 재택근무가 가능한 근무형태로 변하고 있다. 따라서 직장 선택권이 다양해짐으로써 자신의 흥미·적성·능력 등을 살피고 자신이 추구하는 삶의 목적을 고려하여 직장을 선택해야 한다.

또한 우리나라는 1997년 경제위기(IMF에 구제금융 신청) 때 기업들이 구조조정이란 미명 아래 대량해고를 단행했다. 이러한 급작스런 해고는 한 개인의 상실감, 분노로만 그치지 않았다. 이는 적자가계를 운영할 수밖에 없는 가정문제, 나아가 사회문제(가정해체, 국가경제 침체)로 발전하게 되면서 심각한 후유증을 앓았다. 이것을 계기로 평생직장 개념이 사라진지 오래이며, 기업들도 많은 시행착오를 거쳐 지금은 나름대로 균형잡힌 인사제도를 확립하였다. 현재는 기업들도 상시적인 구조조정[24]이 가능해졌고 채용방식도 일괄적인 공채방식에서 필요한 인재를 수시로 채용하는 방식으로 바뀌고 있다.

23) 일의 집중화 : 목표를 달성하기 위해서 일정한 장소로 출근하여 업무를 수행하는 형태

24) 구조조정(restructuring) : 기업의 기존 사업구조나 조직구조를 보다 효율을 높이고자 실시하는 구조개혁. 즉 수익성이 떨어지는 사업부문은 과감히 정리하거나 개편함. 불합리한 것을 합리적으로 개선

2. 직업

직업은 생계를 유지하기 위하여 일정 기간 동안 계속해서 종사하는 일의 종류로 정의할 수 있다. 서비스산업이 발달한 미국과 일본 같은 선진국의 경우에는 직업의 종류 및 직업수가 우리나라보다 훨씬 많다. 국가별 직업수

를 살펴보면 미국 30,000여개, 일본 25,000여개, 한국 10,000여개이다. 우리나라도 산업구조의 변화에 따라 새로운 직업이 계속해서 늘어날 것으로 전망되고 있어 이에 대한 관심이 필요하다.

(1) 직업세계의 변화

21세기 직업의 다양성을 이해하기 위해서는 먼저 직업의 변화과정을 이해할 필요가 있다. 직업은 시대의 변화에 따라 새로 생기는 직업이 있는 반면 사라지는 직업도 있다. 이는 경제발전과 더불어 기존 산업체제가 변화되면서 새로운 직업이 출현하고 그중에서 많은 사람들에게 각광받는 유망한 직업이 떠오르게 된다. 결국 직업은 다음과 같은 요인들의 영향을 받아 변화하므로 이러한 직업변화 요인을 이해하는 것은 향후 자신의 진로(직업)를 선택하는데 무엇보다 중요하다.

첫째, 인구통계학적 변화이다. 계속되는 경기불황과 결혼에 대한 인식변화로 젊은층의 혼인이 늦어지고 출산율도 낮아져 인구 증가세가 둔화되고 있고 급속한 고령화 현상으로 경제 활력마저 떨어지고 있다. 특히 2020년 이후에는 청년층의 인구 감소로 인해 관련산업의 고용이 감소하는 반면, 평균기대수명의 증가로 노년층의 인구는 급격히 증가하여 일본과 같이 실버산업의 비중이 점차 커질 것이다.

둘째, 사회·문화적 변화이다. 주 5일 근무로 인한 라이프스타일(life style)의 변화와 가치, 태도 등의 변화로 서비스를 생산하는 3차 산업(상업·금융업·보험업·운수업·통신업·관광업·광고업)이 크게 부상하고 있어 이와 관련된 직업이 부상할 것이다.

셋째, 소비자의 욕구변화이다. 고도의 경제성장(소득증대)과 기호변화(선호도)로 인해 소비자들의 욕구가 갈수록 고급화, 개성화, 다양화되고 있

다. 이들 욕구를 충족시켜줄 수 있는 고품질 소량생산 체제로 전환되고 있다. 최종적으로는 기업과 소비자 1:1 시장이 형성되는 것이다. 그러나 한편에서는 저렴한 가격의 단순한 제품에 대한 수요도 생겨나고 있다. 예를 들면, 기본적인 기능만 갖춘 전자제품이나 스마트폰을 반값에 구매하길 원하는 소비자이다.

넷째, 컴퓨터와 인터넷의 사용이 급속하게 증가함에 따라 인터넷 환경을 이용한 유통채널이 급속하게 확대되고 있다. 따라서 기업들은 전자 상거래시스템 구축은 물론 쇼핑몰 관련사업도 활성하되고 있다.

다섯째, 1인창업, 무점포창업, 가업승계 및 창업 같은 소자본 창업에도 관심을 가질 필요가 있다. 창업에 있어서 가장 중요한 것은 창업에 대한 의지(意)를 세우는 일이다. 다음으로는 그 분야에 경험이 있어야만 성공가능성을 높일 수 있고 위험에 직면했을 때 극복할 수 있는 힘이 생긴다. 단지 취업이 안돼서, 먹고살기 위해서 어쩔 수 없이 선택하는 생계형 창업은 실패할 확률이 아주 높다.

그 이외에도 여성들의 경제활동이 활발해짐으로써 가사와 육아관련 직업의 수요가 증가하고 있고, 주 5일제 근무와 소득수준 향상으로 레저·문화산업의 성장이 예상된다. 또한 맞벌이 부부의 증가와 교통체증으로 여유 있는 쇼핑이 쉽지 않은 소비자를 겨냥한 택배서비스업이 계속 성장할 것이다. 교육분야는 학령인구의 감소 등으로 선택과 집중이 필요한 시점이나 교육에 대한 열망으로 당분간 수요는 지속될 것으로 보인다. 그러나 중·장기적인 측면에서 살펴보면 향후 학교 간 경쟁이 심화될 것으로 예상된다.

25) 직업관 : ① 생계유지의 수단, ② 개성발휘의 장(場), ③ 사회적 역할의 실현 등 서로 상응관계에 있는 3가지의 측면에서 직업을 인식할 수 있으나, 어느 측면을 보다 강조하느냐에 따라서 각기 특유의 직업관이 성립된다.

(2) 직업관[25]

직업관은 개인이 직업에 관하여 가지고 있는 근본적인 태도나 견해를 말한다. 사람은 일정 기간 교육을 받으면 사회로 진출하여 직업을 가지며 결혼을 하고 직장생활을 하다가 퇴직을 하는 등 많은 변화를 겪으며 한평생을 살아간다. 즉, 사람은 노동을 제공하는 대가로 소득을 창출하고 그 소득으로 가계를 꾸려간다. 이렇듯 직업은 단지 경제적인 측면 이외에도 직장에서 만나는 동료, 수행하는 직무, 그리고 끊임없는 자기계발 등을 통해 자아실현까지도 이룰 수 있는 평생을 같이 해야 할 인생 그 자체라고 할 수 있다.

그러나 우리는 너무나 획일적인 직업선택을 강요받고 있는지도 모른다. 인간이 삶을 영위하는 방법은 수없이 다양하다. 바퀴 자국 난 길을 따라가지 않고 남이 가지 않은 길을 스스로 찾아가려면 모험과 도전정신이 필요하다.

26) 직업의 구성요소 : 생계의 유지수단, 계속적인 활동가능, 사회적 역할의 분담, 노동행위의 부담, 개성발휘의 장, 자아실현 가능성 등을 고려하여 결정

따라서 직업을 선택[26]할 때에는 자신의 흥미, 적성, 가치관, 능력 등 개인적인 요인과 가정의 경제적인 문제, 부모의 기대 등 환경적인 측면을 고려하여 자신의 직업을 선택해야 한다. 이를 위해 다양한 직업군을 탐색해보고 필요하다면 자신이 원하는 직업에 종사하는 사람을 만나 경험담을 듣는 것도 도움이 된다. 무엇보다 내면의 성찰을 통해 자신이 진정으로 원하는 삶, 가치 있는 삶을 실현할 수 있는 직업을 찾는 것이 중요하다.

(3) 유망직업

유망직업은 시대나 환경의 변화에 따라 변화할 수 있으므로 자신에게 맞는 직업을 탐색하고 선택하는 것이 바람직하다. 하지만 변하지 않는 직업도 있다. 즉, 본질적인 가치가 있는 직업은 시대가 변해도 그 자체로서 인정받을 수 있다.

　자신에게 맞는 직업이란 현실적으로 가능하면서 장기적인 목표를 세워 달성할 수 있는 직업이 최고의 직업이다. 자신이 직업을 선택할 때에는 그 직업과 직무를 이해하고, 자신이 가지고 있는 특성과의 관계를 살펴봐야 한다. 자신이 원하는 직업을 선택하고 직무를 이해하게 되면, 그 후에는 자신이 선택한 직무에 맞는 경력을 쌓고 자격증 등을 취득하는 것이 취업에 큰 도움이 된다. 유망직업 100개는 제12장 취업정보 및 준비에서 자세히 소개하였다.

▲ 유망직업 선택시 고려사항

삼성그룹 채용방식 변경 : 직무적합성, 독창적 창의력 등을 평가하여 채용

삼성그룹 신입사원 채용제도가 올해 하반기부터 새롭게 개편된다. 삼성그룹은 창의적이고 우수한 인재를 확보하기 위해 기존 시험위주의 획일적 채용방식에서 벗어나 올해부터 신입사원 채용기준에 창의성 토론면접을 추가로 도입하는 등 신입사원 채용제도를 전면 개편한다고 밝혔다.

삼성의 이런 변화는 현장직무와 무관한 출신학교 및 외국어 점수 등 스펙은 배제하고 대신 직무관련 수업이수나 관련 현장경험 등 실무능력 검증 중심으로 채용기준을 바꾸겠다는 것으로 실전에 바로 투입할 수 있는 인재를 선발하겠다는 데 그 초점이 맞춰져 있다.

이번에 개편되는 내용을 보면 입사지원자를 실전에 투입할 시 얼마나 직무능력이 출중한지를 판단하기 위해 "직무적합성평가"가 추가되고 이 평가를 통과해야 SSAT를 치를 수 있으며 이를 통과해야 "창의성 토론면접"을 치를 수 있다. 즉, 기존의 "SSAT → 실무면접 → 임원면접" 3단계에서 "직무적합성평가 → SSAT → 실무면접 → 창의성 토론면접 → 임원면접"의 5단계로 바뀐다.

지원자의 독창적인 아이디어와 논리 전개능력을 평가하는 창의성 토론면접은 지원자와 면접관의 토론방식으로 진행된다. 또 삼성은 SSAT도 전공을 충실히 이수한 지원자에게 상당한 가산점을 줘 SSAT의 부담을 줄일 계획이다. 출신대학이나 외국어 점수 등 직무와 관련 없는 스펙은 반영하지 않는다. 또한 직군별 직무역량을 평가하기 위해 영업직군의 경우 1박 2일 합숙면접이나 종일 면접으로 리더십, 협업능력 등을 평가하는 방식으로 내용 및 시간을 직군별로 차별화한다.

이렇게 개편된 채용제도는 지원자들의 준비기간을 고려해 올 하반기 공채부터 적용될 예정이며, 이런 삼성의 채용기준 변화는 타 기업에도 영향을 줘 이번 채용방식이 타 기업으로 확산될 것으로 전망된다.

이와 관련해 취업전문 기업들도 맞춤형 교육프로그램을 준비하고 있다. (주)코리아리크루트의 "창의성 토론면접" 교육프로그램을 내놨다. 이 교육의 주요 내용은 학생의 문제점 발견과 이 문제 해결을 위한 창의적 발상법, 집단토론 방법과 태도, 전공능력 함양을 위한 습관화 방법 등으로 구성됐다. 강사진은 삼성, 현대, 엘지, SK 등 주요 기업 전 현직 인사팀장 전문가가 참여한다.

코리아리크루트 김덕원 대표는 "학벌보다 능력이 강조되고 있고 자기 역량과 강점을 스스로 설명해 보라는 요구"라며 "지원자 입장에서는 사전에 희망직종을 정하고 학창시절에 그에 맞는 능력과 경험을 미리 쌓는 것이 매우 중요하다."고 강조했다.

출처 : 메트로신문(2015).

03 기업이 요구하는 인재상

최근 대학생의 취업과 관련하여 언론이 경쟁적으로 보도하는 "학교를 졸업해도 취업하기 하늘의 별따기, 지난해 청년실업률 역대 최고치 기록" 등의 기사를 쉽게 접할 수 있다. 이로 인해 학생들은 자신의 미래조차 계획하지 못하거나 포기하는 경우도 적지 않다.

반면 기업들은 무한경쟁시대로 접어들었다. 기업이 치열한 경쟁 속에서 살아남기 위해서는 경쟁사보다 부가가치가 높은 새로운 것을 창조하거나 당면 문제를 효율적으로 해결할 수 있는 인재를 뽑아 경쟁력을 갖춰야 한다. 그러나 이러한 과업을 해결할 수 있는 능력 있는 인재를 구하기란 쉬운 일이 아니다.

구직난, 구인난, 이율배반적 모순에 빠져있는 현실이다.

과거 산업화 시대에는 기업에서 근면·성실한 인재를 필요로 했다면 최근에는 문제해결능력, 인성, 창의력 등을 중요한 덕목으로 인식하고 있다.

이는 지식의 융합적인 역량(하드웨어적 능력)에 인문학적 소양(소프트웨어적 능력)이 결합된 형태의 인재를 선호하는 것이다. 즉, 창의적이고 센스 있고 능동적이고 적극적인 성향을 지니고 있으면서 해당 직무를 가장 잘 수행할 수 있는 사람을 채용한다.

따라서 국내기업에서 요구하는 인재상을 정리해보면

첫째, 해당직무를 가장 잘 수행할 수 있는 자격과 능력을 갖춘 사람, 즉 전문지식과 SPEC(직무에 필요한 자격) 그리고 해당 분야에 다양한 경험이 있는 사람을 원한다.

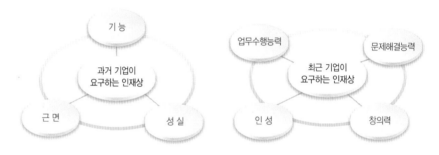

▲ 기업이 요구하는 인재상

둘째, 문제해결능력이 탁월한 사람, 즉 기업 간 경쟁이 날이 갈수록 치열해 지고 있다. 그 과정에서 수많은 문제가 발생되는데 이를 창의적인 방법으로 해결할 능력을 갖춘 사람을 원한다. 기존의 방식으로 해결하면 효율성이 떨어질 수 있으므로 새로운 해법을 찾아서 수익성을 극대화해야 한다. 또한 미래의 시장변화를 예측하거나 새로운 기회를 발견하는 안목이 있어야 한다.

셋째, 인성을 갖춘 사람, 즉 성품이 온화하고 반듯하여 타인을 잘 이해고

협력하면서 조직에 잘 적응하는 사람을 원한다. 인성이 좋은 사람은 늘 열려 있기 때문에 새로운 정보를 받아들이는 마음의 여유와 새로운 아이디어 창출도 가능하며 따뜻한 감성을 지녀 행복지수도 높다.

한편 글로벌 관점에서 살펴보면 기업들은 일반적으로 전문기술, 연구기획, 국제마케팅 등을 핵심인력으로 본다. 이들의 공통점은 핵심지식을 보유하고 글로벌화된 환경에서 앞설 수 있는 국제적 감각과 언어능력을 갖춘 창조적 인재이다. 최근에는 많은 기업이 글로벌경영과 더불어 윤리경영을 추구하는 움직임도 보이고 있다. 가치관에 문제가 있으면서 성과만을 올리는 인재는 장기적으로 볼 때 조직기반을 약화시킬 수 있기 때문에 개인의 능력을 타인과 얼마만큼 잘 조화하고 융화시켜 나가느냐 하는 것은 매우 중요하다. 물론 개인에게만 이 모든 것을 바라는 것은 무리일 수도 있다. 그래서 기업은 우수한 핵심인력을 채용했을 때 그들이 안정적으로 조직에 적응할 기회를 얼마만큼 제대로 제공할 수 있느냐는 기업이 노력해야 할 부분이다.

전 세계적인 핵심인재상은 전문성, 지적 역량, 조직충성심, 도덕성, 인간적 관계를 중시한다. 또한 전략적 통찰력과 추진력을 강조함으로써 미래 수익원천을 창출할 수 있는 인재를 우선시 한다.

따라서 학생들은 기업의 욕구를 충족시킬 수 있는 맞춤형 능력과 경쟁력을 갖추기 위해서는 선택과 집중이 필요하며, 학교는 본연의 학교교육과 더불어 기업·사회에서 요구하는 현장맞춤형 인재를 양성하여 취업난을 해결하는 전략이 필요하다.

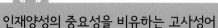
인재양성의 중요성을 비유하는 고사성어

일년수곡 십년수목 백년수인(一年樹穀 十年樹木 百年樹人)

"1년을 내다보며 농사를 짓고, 10년을 내다보며 나무를 심고, 100년을 내다보며 사람을 심는다."라는 뜻으로, 인재를 양성하는 일의 중요성을 비유하는 고사성어이다.

[해 석] 1년에 대한 계획으로는 곡식을 심는 일만한 것이 없고, 10년에 대한 계획으로는 나무를 심는 일만한 것이 없으며, 평생에 대한 계획으로는 사람을 심는 일만한 것이 없다. 이는 한 번 심어 한 번 거두는 것이 곡식이고, 한 번 심어 열 번 거두는 것이 나무이며, 한 번 심어 백 번 거둘 수 있는 것이 사람이다 라는 의미이다.

실제로 글로벌 기업들의 인재상의 사례를 살펴보면 다음과 같다.

GE의 4E 모델

과거(안정적 경영환경)	최근(새로운 리더십 정립)
Plan(계획)	Energy(열정과 에너지)
Organize(조직화)	Energize(동기부여)
Integration(통합)	Edge(선택과 집중)
Manage(성과관리)	Execution(실행)

출처 : http://blog.naver.com.

🌳 SONY의 핵심인재 요건

· Curiosity : 호기심
· Persistence : (없어지지 않고 오랫동안) 지속성
· Flexibility : 사고의 유연성
· Optimism : 낙관론자
· Risk-taking : 리스크 감수

🌳 국내기업의 인재상

그룹명	인재상
삼성그룹	전문지식, 교양, 국제감각, 협력, 창의력, 표현력
현대그룹	전문지식, 국제감각, 창의력, 근면, 협력, 도전, 열정
SK그룹	도전하는 패기, 창의성, 국제적인 안목과 능력
LG그룹	전문인, 기본인, 창의력인, 가치관인, 최고도전인
한화그룹	전문성, 신의, 창의, 열정, 도전

04 학생들의 욕구변화

1. 현실인식

최근 대학생의 취업과 관련하여 언론이 경쟁적으로 보도하는 "학교를 졸업해도 취업하기 하늘의 별따기, 지난해 청년실업률 역대 최고치 기록" 등의 기사를 쉽게 접할 수 있다. 이로 인해 학생들은 자신의 미래조차 계획하지 못하거나 포기하는 경우도 적지 않다.

반면 기업들은 무한경쟁시대에 접어들었다. 기업이 치열한 경쟁 속에서 살아남기 위해서는 경쟁사보다 부가가치가 높은 일을 창조하거나 당면 문제를 효율적으로 해결할 수 있는 인재를 뽑아 경쟁력을 갖춰야 한다. 그러나 이러한 과업을 해결할 수 있는 능력 있는 인재를 구하기란 쉬운 일이 아니다.

위에 언급한 내용을 살펴보면 한편에서는 필요한 사람을 못 구해서 힘들고 다른 한편에서는 취업을 못해서 힘들고… 정말 모순이 아닐 수 없다.

무엇이 문제인가?

사회가 고도로 발전하고 그 환경이 빠르게 변화하면서 사회가 개인에게 요구하는 능력도 점점 다양해지고 있어 취업이 갈수록 어려워지고 있다. 이는 기업이 치열한 경쟁 속에서 살아남기 위해서 모든 역량을 생산성과 효율성을 증대시켜 수익성을 확보하는 데 초점을 맞추다 보니 이것에 부합할 수 있는 능력있는 인재가 필요한 것이다.

따라서 능력 있는 사람은 여러 기업으로부터 러브콜이 쇄도하는 반면, 그렇지 못한 사람은 자신의 능력을 선보일 기회마저 박탈당하게 된다. 이는

우수인재의 확보가 21세기 무한경쟁시대에 기업의 존망을 가름하는 핵심요소이기 때문이다. 기업들은 타사보다 뛰어난 경쟁력을 유지하기 위해 국적을 불문하고 자신의 분야에서 세계적인 경쟁력을 갖춘 핵심인재를 뽑기 위해 노력하고 있다.

이러한 지금의 모순된 상황을 사회구조적인 측면과 학생들의 입장 측면에서 살펴볼 필요가 있다. 먼저 사회구조적 측면에서 살펴보면 청년층의 취업경쟁은 노동시장의 노동수요와 교육시장의 공급 사이의 불일치로 질적인 수급불균형에 일차적 원인이 있다. 우리나라의 경우 단기간에 급속히 고등교육이 확대되면서 고학력층의 노동공급 증가가 노동시장의 고학력 인력수요에 비해 빠르게 진행되었고 그 과정에서 불균형이 심화되었다.

학생들의 입장 측면에서 살펴보면 학생들은 우선적으로 대기업을 선호한다. 왜냐하면 높은 보수가 보장된 정규직의 안정적인 좋은 일자리를 구하지 못하면 불안이 가속화되기 때문이다. 이로 인해 한정된 좋은 일자리로 몰려 경쟁이 치열해질 수밖에 없는 현실이다.

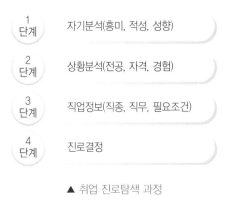

1 단계	자기분석(흥미, 적성, 성향)
2 단계	상황분석(전공, 자격, 경험)
3 단계	직업정보(직종, 직무, 필요조건)
4 단계	진로결정

▲ 취업 진로탐색 과정

27) 스펙(SPEC) : 직장을 구하는 사람들 사이에서 학력·학점·토익 점수 따위를 합한 것을 이르는 말. 진정한 의미의 스펙은 다른 사람과 차별화할 수 있는 자격이나 능력을 의미한다.

대부분의 취업준비생들은 스펙(SPEC)27)을 충실히 쌓았다고 생각하는데 계속해서 1차 서류전형에서 탈락하다 보니 차라리 대학원이나 갈까? 라는 생

각을 한다. 기본적인 스펙을 갖춘 것은 물론 선배의 조언을 듣고 저학년 때부터 충실하게 취업을 준비하고 해외연수까지 다녀왔음에도 불구하고 입사시험에 계속 떨어지다 보니 차라리 공부를 계속하는 것이 더 낫지 않을까? 하는 고민을 하는 것이다.

학생들의 취업준비기간이 길어지면서 자신의 미래와 구직 성공 여부에 대한 불확실성은 학생들에게는 엄청난 스트레스이다. 이러한 현실적인 난관을 어떻게 극복할 것인가? 참으로 지혜로운 전략적(체계적) 대응이 필요한 시점이다.

2. 전략적 대응

대부분의 취업상담자는 학생들에게 입사지원을 포기하지 말고 계속해서 도전하라는 뉘앙스로 조언한다. 대기업 위주의 구직현상, 그로 인한 기업과 구직자 간의 희망연봉의 차이 등에서 오는 일반적인 취업준비생들의 현상에 대해 설명하면서 구직자의 눈높이에 대해 언급한다. 즉, 눈높이를 낮추라고 얘기이다.

효과적인 상담을 위해서는 세 가지 측면에서 살펴봐야 한다.

첫째, 취업담당자는 학생이 처해 있는 상황과 관련된 정보를 수집·분석하여 학생의 입장에서 정확한 진단 및 맞춤식 처방을 내려야 한다. 그렇지 못하면 학생은 오히려 혼란스러워 한다.

둘째, "기업에서는 어떤 인재를 찾고 있는지?", "기업의 니즈에 대해서는 어떻게 알고 있는지?", 그러면 "왜 그렇게 생각하는지?"에 대해서 학생 스스로 설명할 수 있어야 한다. 기업은 궁극적으로 기업에 기여할 사람, 즉 기업에 이익을 가져다 줄 가능성이 있는 사람을 원한다는 것을 인식해야 한다. 다음으로는 자신의 역량을 기업이 원하는

진로 설계와 인성 함양

직무와 어떻게 연계시켜 나의 존재를 어필할 것인가의 관점에서 생각해야 한다.

셋째, 취업상담자는 학생들이 좌절하지 않도록 배려해야 한다. 입사시험에 서너번 떨어지면 학생들의 마음속에 숨어있는 감정은 자존감도 떨어지고 앞이 막막한 상태가 되며, 자신의 욕구는 겉으로는 공부로 전향할 것이라고 하지만 문제가 해결되어 취업에 성공했으면 좋겠다는 마음도 내심 있는 것이다. 한마디로 자신감이 떨어지고 혼란스럽다는 얘기이다.

이런 경우에 계속해서 도전하도록 격려하는 것도 좋지만 근본 원인에 대한 접근과는 거리가 있으며 높은 욕구수준으로 인해 원하는 결과를 얻기 힘들지도 모른다.

넷째, 취업상담자의 조언을 통해 단순히 문제를 해결하는 것에 그치지 않고 성장과 발전을 느끼고 존재이유를 재발견하는 계기로 삼아야 한다. 그리고 좀 더 근본적인 원인에 대해 다각적으로 접근하려는 노력이 필요하다.

따라서 이러한 문제를 해결하고 직면한 어려움을 극복하기 위해서는 저학년 때부터 전략적 접근이 필요하다. 먼저 진로방향과 목표를 설정하고 그에 맞춰 선택과 집중을 해야 한다. 차근차근 전공지식을 습득하고 학점을 관리하면서 자신이 관심 있는 직업과 직무를 살피고 그에 필요한 자격과 경험 등을 쌓는 과정이 필요하다.

그러기 위해서는 학생들은 기업이 원하는 인재상을 정확하게 파악하여 이를 충족시키기 위해 필요조건을 파악한 후 단계별로 철저히 준비하여 실행해야 한다. 아무리 훌륭한 목표를 세웠다 하더라도 자신이 부단히 노력하지 않으면 이룰 수 있는 것은 별로 없다. 모든 준비와 역량을 자신이 수행할

직무에 초점을 맞춰 철저히 준비한다면 좀 더 많은 기회를 잡을 수 있다. 학년별 대응전략은 제8장 진로탐색에서 자세히 소개하고 있다.

예를 들면, 학습과 더불어 자신의 능력을 재해석하는 관점(정확한 진단)과 역량을 길러야 되며, 아무리 훌륭한 지식도 정작 내 것이 되지 못하면 아무런 소용이 없다. 내 것으로 만드는 과정은 적게는 수개월에서 몇 년 이상 걸린다. 따라서 단계적으로 자신의 능력을 배양하는 과정을 통해 스스로 인식을 변화시키고, 나아가 자신의 직무와 적성에 맞는 좋은 일자리를 찾는 것이중요하다.

나아가 학생들의 획일적인 진로선택에 대해 생각해 볼 필요가 있다. 중요한 것은 학벌이 인생을 성공시키지 못한다는 것을 알고 다양한 삶과 가치있는 삶에 대해서도 고민해야 한다. 인생을 획일적인 진로가 아닌 내가 남들과 다르다면 다른 길을 가야 한다. 우리는 태어날 때부터 서로 다른 재능을 갖고 태어났고 다른 환경에서 자랐다. 대학을 가고 공부를 하는 것만이 능사는 아니며 무엇보다 자신의 목표는 스스로 결정해야 한다. 따라서 이제는 타의에 의해 선택된 삶이 아니라 자기 스스로 목표를 찾고 도전해보는 것도 멋진 인생이 아닌가 싶다. 자신이 진정으로 원하는 삶…

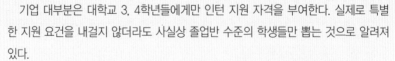

인턴십 제도 (사례)

기업 대부분은 대학교 3, 4학년들에게만 인턴 지원 자격을 부여한다. 실제로 특별한 지원 요건을 내걸지 않더라도 사실상 졸업반 수준의 학생들만 뽑는 것으로 알려져 있다.

외국의 경우는 어떨까? 영국에선 대학교 1, 2학년들이 주로 봄방학 동안 기업에서 제공하는 다양한 직업 체험 프로그램을 접할 수 있다. 학년과 상관없이 기업이 제공하는 각종 교육프로그램을 수강할 기회도 얻는다. 이러한 경험을 바탕으로 학생들은 상아탑에서 막연히 스케치한 자신의 미래에 경험이란 색을 입힌다.

자신이 무엇을 하고 싶은지, 또 어떤 분야에 소질이 있는지를 일찌감치 구체적으로 점검할 수 있다는 의미이다. 학생들은 졸업할 때쯤이면 소신 있게 자신이 원하는 직업이나 분야에 도전할 수 있는 확신을 갖게 된다.

이웃 나라 일본의 대학생들도 신입생 시절만 거치면 각종 인턴십에 지원할 기회가 열려 있다. 호주엔 아예 산학협력으로 학교와 지역 기업 등이 결합한 인턴십 프로그램도 많다.

최근 한 온라인 취업 사이트 설문에 따르면 신입사원 10명 가운데 4명은 입사한 지 1년 안에 퇴사하는 것으로 나타났다. 많은 청년이 책상에서만 자신의 적성을 고려하고 직무를 공부한다. 막상 취업을 하고 나선 '이 길이 아닌 것 같다.'는 생각으로 그만두는 비율이 높을 수밖에 없다. 이러다 보니 청년은 청년대로 시간 낭비에 노력 낭비이다. 기업은 기업대로 신입사원을 뽑는 데 들인 비용과 정성으로 인해 손실이 크다.

통계청이 발표한 "2월 고용동향"에서 청년실업률은 11.1%로 외환위기 이후 15년 7개월 만에 최고 수준으로 나타났다. 단순히 불황 탓으로 치부할 수 없는 결과이다. 신입사원이 기업이 원하는 직무역량을 갖추지 못했거나, 신입사원의 적성과 직무의 성격이 달라 발생한 "미스매치(mismatch)"의 영향도 크다.

지금이라도 정부와 기업들은 대학생들에게 저학년 때부터 다양한 진로탐색을 할 수 있는 기회를 제공해야 한다. 자신만의 이력을 완성시킬 수 있는 충분한 시간을 줘야 한다. 상아탑이 취업의 장이냐는 비판은 이유가 될 수 없다

물론 대학 교육을 취업에만 연계해 보는 건 학문 탐구에 방해가 될 수 있겠지만 그렇다고 둘을 별개로 인식하는 건 현실과 동떨어진 대안 없는 사고에 불과하다. 1, 2학년 때는 기술 위주가 아닌 취업 역량을 길러주는 식으로 대학 교육과 진로에 대한 탐구를 조화시키는 방법은 얼마든지 있다.

한편으론 학생들의 인식 변화도 반드시 필요하다. 인턴십에 대한 생각부터 바꿔야 한다. 대부분의 대학생은 인턴십을 "스펙 쌓기용"으로 생각한다. 직무 적성을 파악하고 검증하기 위한 소중한 기회가 아닌, 이력서를 채우는 교외 활동쯤으로 여긴다. 무조건 채용만 고려하는 '묻지 마 인턴 지원'의 자세도 문제이다. 채용에 도움이 되거나 채용 가능성이 높은 인턴십만 고려하다 보면 실제 채용이 되고서도 그만둘 가능성이 크다.

"취업역량강화사업은 각 대학별 특화된 프로그램으로 대학생들에게 취업능력 향상과 취업지원을 함에 따라 사업효과가 매우 크다."며 "앞으로 청년취업을 위해 더 많은 방안 모색과 더불어 대학생들의 취업역량 강화에 전력을 다할 계획"이라고 말했다.

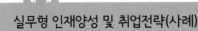
출처 : http://search.naver.com, 2015.

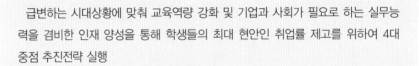

실무형 인재양성 및 취업전략(사례)

급변하는 시대상황에 맞춰 교육역량 강화 및 기업과 사회가 필요로 하는 실무능력을 겸비한 인재 양성을 통해 학생들의 최대 현안인 취업률 제고를 위하여 4대 중점 추진전략 실행

- 전문지식 전달자로서의 충실한 역할
- 학생들의 자신감 고취(취업, 창업, 대학원 마케팅전공 활성화, 학교기업 육성)
- 기업과 사회가 요구하는 인재 양성
- 학생들의 글로벌 인지능력 함양

1. 환경변화(취업난)

"학교를 졸업해도 취업하기 하늘의 별따기, 지난해 청년실업률 역대 최고치 기록" 등의 기사를 쉽게 접할 수 있는 현실임. 이로 인해 젊은이들은 자신의 미래조차 계획하지 못하거나 아예 포기해버리는 젊은이 증가

2. 기업이 요구하는 인재상(구인난)

반면 기업들은 무한경쟁시대에 접어들었음. 기업이 치열한 경쟁 속에서 살아남기 위해서는 경쟁사보다 부가가치가 높은 일을 창조하거나 당면 문제를 효율적으로 해결할 수 있는 능력을 갖춘 인재를 찾고 있으나 인력난을 겪고 있음.

2015년도 삼성그룹의 채용기준은 "직무적합도"임. 이는 앞으로 기업에서 요구하는 인재상은 해당 직무를 가장 잘 수행할 수 있는 능력을 갖춘 자, 즉 문제해결능력, 인성, 창의력, 전문지식을 갖춘 자를 채용하겠다는 의미임. 특히 지금의 스펙(SPEC), 즉 학생들은 자격증을 많이 취득 하는 것이 중요한 것이 아니라 업무수행에 적합한 1개의 자격증을 더 높이 평가

(예시) 경영학과 학생 : 경영지도사, 사회조사분석사, 무역영어, 브랜드관리사, 전
　　　산회계, 유통관리사 등의 자격증 취득

학생들은 취업이 최대의 현안인 반면, 기업들은 구인난이 심각해 이율배반적 모순에 빠져 있는 현실

3. 추진전략

가. 전문지식 전달자로서의 충실한 역할

"마케팅이 대세다."라는 슬로건을 흔히 볼 수 있음. 이는 마케팅에 대한 관심이 높아지고 있다는 반증이며, 실제로 마케팅 전략은 경영 전략과 더불어 기업의 성패에 직접적인 영향을 미치고 있음. 특히 모든 경영 및 생활환경이 IT를 기반으로 한 환경으로 급변하는 것과 밀접한 관련 있음. 즉, 오프라인 → 온라인 → 인터넷 → 모바일 → 사물 인터넷 환경으로의 환경변화는 물론 무엇보다 변화의 속도가 빠름(앞으로는 매장에 가서 쇼핑하지 않고 mobile을 이용하여 구매).

따라서 기업에서 어느 분야에 근무하든지 기본적인 경영, 마케팅, 재무 등을 이해해야지만 관리자로서의 능력을 인정받을 수 있음(업무효율성 제고 및 합리적인 의사결정).

1) 학습목표 설정

마케팅은 전공자 · 비전공자 모두에게 필요한 학문이라는 것을 인식시키고 학생들의 눈높이에 맞는 체계적인 학습목표 설정. 특히 마케팅 학문은 실전 응용력이 중요하므로 창의적인 사고를 키울 수 있는 동기부여

2) 교수학습활동의 설계

전문지식을 쉽게 이해할 수 있도록 학습단계별 교안을 작성하고 동영상, 사례 중심(기업의 마케팅 전략), hot issue 사례 등을 소개하는 방법으로 실전적인 교육 강화

나. 학생들의 자신감 고취

학생들의 자신감을 고취시키기 위해서는 자기 스스로 목표를 찾고 동기를 유발하여 실력을 키우고 자존감을 높이는 것이 중요함. 이를 실현하기 위해서는 무엇보다 학생들의 진로결정(취업, 대학원 등)이 잘돼야 하며, 이 과정에서 교수들의 역할이 무엇보다 중요함. 그래서 학생들이 애교심과 자긍심을 갖고 캠퍼스 생활을 할 수 있도록 하고 1명도 중도 탈락자 없이 모두 졸업할 수 있도록 교수들이 책임감을 갖고 밀착관리

– 세부 추진방법은 다음과 같음.

1) 취 업

학교와 학생들의 최우선 목표는 취업임. 취업은 단기간 준비해서는 쉽지 않으므로 학년에 맞는 진로계획을 수립하여 실행할 수 있도록 지도교수를 선정하여 1:1 맞춤식 관리 필요 → 책임감 있는 멘토링(mentoring) 제도 실시

→ 1명이라도 더 취업과 창업을 할 수 있도록 모든 역량집중/맞춤전략

– 학년별 실행계획
• 1학년 : 진로방향 설정, 동기부여, 진로탐색(흥미, 적성, 성향, 능력 등 고려)
• 2학년 : 목표설정 및 준비시작(전문지식, 자격증, 경험 등)
• 3학년 : 구체적인 목표설정 및 자격증 취득 등 실행(단기목표 설정 및 실행)
• 4학년 : 구체적으로 취업하고 싶은 산업 및 몇 개의 기업을 선정하여 맞춤식 준비
        (산업별 특성 파악, 직무수행능력, 자격증, 경험, 이력서, 자기소개서, 면접 등)

2) 창업자문 및 지원
• 기업경영과 창업경험을 바탕으로 창업자문
• 중소기업청/소상공인센터/시청/구청 등과 연계
• 유망한 창업 item 발굴
• 교육훈련

3) 학교기업의 활성화로 신규 일자리 창출 및 수익창출
• 학생들의 창업능력 배양

- 신규일자리 창출(취업)
- 산업체에서 원하는 현장성 있는 기술 습득

다. 기업과 사회가 요구하는 인재양성

서두에서도 언급한 바와 같이 본연의 학교교육과 더불어 기업 · 사회에서 요구하는 현장맞춤형 인재를 양성하는 것이 시급함.

과거에는 기업에서 근면 · 성실한 인재를 필요로 했다면 이제는 근면 · 성실하면서도 문제해결능력, 인성, 창의력 등을 중요하게 보고 있음 → 직무적합도, 직무에 적합한 자격증

라. 학생들의 글로벌 인지능력 함양

급변하는 세계경제의 동향이나 자본주의의 흐름을 이해하는 것은 학생들의 안목을 넓혀주는 것은 물론 취업과 직결되어 글로벌 인재 양성은 무엇보다 중요함. 세계 글로벌 기업들이 국내로 진입하고 반면 우리나라의 글로벌 기업들은 해외로 진출하는 등 해외 진입 · 진출이 활발하게 이루어지고 있음.

학생들은 이러한 세계 환경변화에 능동적으로 대처하지 않으면 안 됨. 그러나 학생 개인이 노력하는 것도 중요하지만 학교에서 체계적으로 글로벌 인재양성 제도나 프로그램을 운영하는 것이 효과적임.

1) 학교 주관 글로벌 인재 양성 프로그램 운영
2) 해외 특성화 전문인력 및 글로벌 인재 양성을 위한 해외 현장실습을 실시 → 글로벌 마인드 제고
3) 어학연수 실시 : 영어와 중국어 학습, 동기부여 및 글로벌 인재 양성을 위해 진행

 환경변화

Self-examination & Future plans

1. 직업을 갖는 것은 어떤 가치를 얻기 위해서인가요?

가치기준	순 위
돈을 버는 일	
명예를 얻는 일	
사회에 봉사하는 일	
일의 성취 · 보람을 찾는 일	
자신의 재능과 능력을 개발하는 일	

2. 직업을 선택할 때 중요하다고 생각하는 것은?

선택기준	순 위
보 수	
직 위	
안정성	
후생복지	
근무지역	
근무시간	
일의 내용	
발전가능성	
사회의 지명도	

3. 자신이 희망하는 직업을 적어보세요.

순 위	직업명	선택이유
1		
2		
3		
4		
5		

4. 직업탐색(실전연습)

자신이 관심 있는 직업에 종사하고 있는 직장인을 대상으로 인터뷰하고 그 결과를 정리해 보세요. 직접 만나서 인터뷰하는 것이 가장 좋은 방법이나, 전화나 다른 매체를 이용해도 좋습니다.

1) 인터뷰한 사람 :

2) 날짜 :

인터뷰보고서(1)

(전공 :   학번 :   성명 :   )

구 분		조사내용	비 고
직 업			
직무 (업무의 내용)			
필 요 자 격	학력 / 전공		
	자격증		
	경 력		
	경 험		
	기 타		

인터뷰보고서(2)

구 분		조사내용	비 고
개인 특성	적 성 흥 미		
	성 격		
	가치관		
	신체적 조건		
	기타 여건		
직업 특성	임금 후생 복지		
	안정성		
	발전가능성		
	근무여건 (시간, 지역, 환경)		
기타	직업의 장 · 단점		

5. 자신에게 주어진 직무를 성공적으로 수행하기 위해 갖추어야 할 능력은?

개인이 갖추어야 할 능력	개인이 갖추어야 할 능력

작성요령 : 예를 들어, 마케팅 업무를 수행하기 위해서는 어떤 자질과 능력이 필요할까요.

Chapter 05

자기계발

Chapter 05 자기계발

인간이 추구하는 궁극적인 삶의 목적은 행복이다. 이 장에서는 행복한 삶을 살기 위해서 자신의 인생설계와 자기경영을 어떻게 할 것인가에 대해 학습한다. 그리고 이러한 목적을 수행하는 과정에서 반드시 필요한 것이 있다. 바로 마인드컨트롤(mind control)이다. 여러 가지 수련방법(명상, 운동)에 대해서도 살펴본다.

Key Word : 인생설계, 자기경영, 자기계발, 경력관리, 개과천선

01 인생설계

이제는 기대수명 100세 시대이다. 인류의 꿈인 불로장생이 현실로 다가오고 있다. 이제 몇 살까지 사느냐는 그다지 중요하지 않다. 오히려 무엇을 위해 어떻게 살았느냐가 더 중요하다. 인간이 생(生)을 마감할 때 후회가 엄습해 오는 것도 자기 몫이요, 자부심을 느끼고 만족하는 것도 자기 몫이다.

행복한 삶이란 오늘 살아 있음에 감사하고 내일이 존재한다고 믿고 나름대로 삶의 목표를 세우고 주도적으로 살아가는 것이 바람직하다. 삶의 목표는 우리가 최종적으로 도착하고자 하는 목적지와 같다. 목적지에 잘 도착하기 위해서는 제대로 된 인생설계가 무엇보다 필요하다. 이것이 목적지를 잘 찾아가게 해주는 나침판이자 등대와 같은 역할을 할 것이다. 그것이 어렵다

면 당장 내일 생(生)을 마감한다면 지금, 이 순간에 무엇을 할 것인가를 생각
하면 의외로 쉽게 답을 찾을 수도 있다.

인생설계를 위해서는 먼저 자신의 흥미 · 적성 · 성향 · 희망을 바탕으로
꿈을 찾고, 그것을 바탕으로 10년 단위의 장기목표를 세우고, 장기목표를
바탕으로 단기목표를 세운다. 단기목표는 지금 실행해야 할 실행계획이다.
그리고 실행계획을 어떻게 실행할 것인가에 대한 행동지침을 정한다. 마지
막으로 실천하고 평가하고 다시 피드백시키는 과정을 반복하는 것이다.

삶에는 정답이 없다. 따라서 내가 무엇을 위해 어떻게 사느냐가 중요하
다. 이제는 획일적인 삶(사회적 성공)이 아닌 다양한 삶(나의 행복)에 대해서 생각하
고, 빠름의 삶의 아닌 느림의 삶에 대해서도 생각하면 자신의 인생을 설계
하는 데 큰 도움이 될 것이다.

가수 이문세의 "아름다운 인생"의 노랫말처럼 알 수 없는 게 우리네 인생
이다. 우주의 섭리, 자연의 이치에 순응하면서 살자. 자기 스스로를 옭아매
는 삶 보다는 여유롭고 자유로운 삶을 살자.

🎧 아름다운 인생(가수 이문세의 노랫말 중 발췌)

언제쯤 사랑을 다 알까요, 언제쯤 세상을 다 알까요.
얼마나 살아봐야 알까요, 정말 그런 날이 올까요.
하루가 왜 이리도 빠르죠.
시간을 되돌릴 순 없나요. 조금만 늦춰줄 순 없나요.
알 수 없는 인생이라 더욱 아름답죠.

정말 짧고 알 수 없는 게 인생이다. 정말 행복하게 잘살아야 한다.

출처 : 씨제이이이앤엠주식회사

02 자기계발

1. 자기계발과 자기개발의 정의

자기계발(啓發)은 잠재되어 있는 자신의 슬기나 재능, 사상 따위를 일깨워 주는 것으로서 자신의 적성이나 잠재능력을 찾아 활성화시키는 외국어능력 계발 등을 말한다. 사람들은 자신의 전공과 업무에 집중하다 보면 자신의 취미와 특기가 무엇인지도 모르고 살다가 나중에 자신의 적성에 맞는 일을 찾아 행복한 삶을 사는 사람들을 종종 볼 수 있다.

한편 자기개발(開發)은 토지나 천연자원 따위를 유용하게 만드는 것으로서 신제품 개발과 같이 새로운 물건을 만들거나 핵무기 개발 또는 프로그램 개발 등을 말한다. 즉, 이미 자신의 능력이 무엇인지 알고 있는 상태이며, 그 능력을 훨씬 강하고 크게 만들어 가는 것을 개발이라 한다.

2. 자기계발의 필요성

대부분의 사람들은 현실에 안주하거나 보상을 받는 만큼만 행하려 한다. 아니면 남들이 자기계발을 한다고 하니까 나도 해야 된다는 강박감 때문에 부화뇌동하는 경우도 많다. 그러나 그런 것들은 보상은 있을지 몰라도 동기는 없다. 이런 사람들은 어떤 것에 대한 창의력, 호기심 등의 행위에서 오는 순수한 즐거움을 생각하지 않는데, 그러면 자신의 능력은 점점 감소되고 내면에는 귀 기울이지 않게 된다. 즉, 자기 자신의 삶을 스스로 결정하는 주도하는 삶을 사는 것이 아니라 주로 타인에 의해 결정되는 삶을 살게 된다. 그런 사람들은 언제나 남의 발자국을 밟으며 수동적인 삶을 살기 때문에 자신

의 발자국은 남기지 못한다. 다른 사람들이 행한 것을 따라하면 안전할지는 몰라도 그 속에는 고유한 내 것이 없는 것이다.

우리는 끊임없이 변화해야 한다. 그러나 대부분의 사람들은 작년이나 지금이나 변한 것이 거의 없다. 아마 내년에도 마찬가지일 것이다. 새로움에 대한 기대감이나 기쁨도 없는 그저 그런 삶을 사는 사람들은 안정된 삶을 살지는 모르지만 미래의 성공을 보장받을 수는 없다. 자신의 성공적인 삶을 위해서는 끊임없이 자기 자신에 대해 투자해야 한다.

한편 자기계발이라고 하면 부정적으로 인식하는 사람들이 있다. 이는 산업화 과정을 거치면서 자기계발은 경쟁을 위한 도구나 수단이라는 편견 때문이다. 그러나 최근 사람들은 자기계발을 다른 사람과 비교해서 발전한 내가 아닌 과거보다 발전한 나라는 의미로 이해하기 시작했다.

따라서 자기계발에 대한 재인식과 더불어 자신의 목표를 달성하기 위해서 끊임없이 자기계발을 해야 한다.

3. 자기계발 촉진방법

대학생들의 경우에는 대학졸업 후 취업이나 대학원 진학 또는 미래의 삶의 질을 향상시키기 위해 자기계발을 한다. 구인구직 포털 알바몬[2016]이 최근 대학생 918명을 대상으로 자기계발에 관한 설문조사를 실시한 결과, 대학생들이 자기계발비로 월평균 10만3,000원을 지출하는 것으로 나타났다.

먼저 평소 자기계발을 하는 이들은 전체 응답자 중 74%를 차지했다. 성별로는 남학생이 77.3%로 여학생 71.6%보다 소폭 높았으며, 학년별로는 1학년이 55.2%로 가장 낮은 응답을 보였다. 반면 자기계발 중인 4학년은 76.6%로 1학년에 비해 20% 포인트 이상 높았다.

자기계발을 하는 가장 중요한 이유는 '취업에서 보다 유리하기 위해'가 40.3%였다. 이어 '보다 나은 사람이 되고 싶은 자기만족' 31.3%, '새로운 진

로 개척을 위해' 14.4% 등의 답변이 뒤따랐다. 아울러 대학생들의 자기계발 항목(복수응답)은 과반수가 '영어, 외국어 등 어학 분야' 51.1%를 꼽았다. 계속해서 △전공관련 자격증 취득 41.2% △전공관련 지식 습득 36.3% △비전공 관련 지식 · 자격증 29.8% △체력 및 건강관리 27.6% 등의 순이었다.

이를 위해 대학생들은 월평균 10만3,317원을 자기계발비로 지출하고 있었으며, 주 평균 8.3시간을 할애한다고 응답했다. 자기계발비 지출은 4학년이 약 10만7,000원으로 가장 많이 지출하고 있었으나 자기계발을 위해 쓰는 시간은 2학년이 15.1시간으로 가장 높았다.

한편 자기계발을 하지 않고 있다고 밝힌 나머지 대학생들은 그 이유로 37%가 '취업준비, 학과 공부, 알바 등 시간적 여유가 없다'고 답변했다. 다음으로 △자기계발 할 만한 경제적 여력이 없다(26.7%). △적당한 자기계발 분야를 못 찾았다(12.3%). △끈기 부족(10.7%) 등이 자기계발 장애 요소로 작용하고 있었다. 그럼에도 이들 중 78.2%는 여전히 '자기계발 의사가 있다.'고 답해 눈길을 끌었다.

반면 평생교육 대표기업 휴넷(2016)이 직장인 445명을 대상으로 설문조사를 한 결과, 대한민국 직장인 중 91.2%는 새해 학습 계획이 있으며, 그 목적은 업무 역량 강화가 가장 큰 것으로 조사됐다. 이는 전년 대비 2.4%, 2014년 대비 5.1% 상승한 수치로 해마다 자기계발을 계획하는 직장인들이 늘고 있는 것을 나타낸 것이다. 휴넷은 2013년부터 새해 자기계발 계획에 대한 설문조사를 진행하고 있다. 학습 목적은 '업무역량 강화'가 69.7%로 1위를 차지했으며 '교양 및 힐링'은 43.4%로 2위에 올랐다.

2013년과 2014년에는 '교양 및 힐링'을 목적으로 자기계발을 하는 비중이 가장 높았으나 작년과 올해는 '업무역량 강화'가 1위를 차지해 불확실한 시대에 교양 · 힐링보다는 개인 역량 강화에 대한 관심이 커진 것으로 해석된다. 이어 '창업' 12.6%, '이직' 9.9%, '승진' 9.7%, '고용불안 해소' 9.2% 등의 의견이 있었다. 자기계발을 위한 교육비 지출 계획은 51.9%가 '작년과 비

슷한 수준으로 유지하겠다.'고 답했으며, 41.6%는 '작년보다 지출을 늘리겠다.'고 답했다.

한편 온라인·모바일 교육에 대해 전체의 54.2%는 '지출비용을 작년과 비슷한 수준으로 유지할 것'이라 답했으며, 38.2%는 '지출을 늘리겠다.'고 답해 응답자의 92.4%가 작년에 이어 온라인 모바일 학습을 꾸준히 할 것으로 전망됐다.

직장인들이 자기계발을 하는 이유로는 더 나은 곳으로 이직하기 위함도 있고 또 승진을 위해서도 자기계발을 한다고 한다. 가장 많이 하는 자기계발은 외국어 공부로 나타나 글로벌 시대임을 반증하고 있다.

대학생들의 자기계발의 목적은 주로 취업준비와 보다 나은 사람이 되고 싶은 자기만족이 71.6%, 직장인들은 업무 역량 강화를 위해서 91.2%가 자기계발을 한다. 이는 자기계발을 통해 삶의 질을 높이거나 현실적인 필요에 의해서 자기계발을 하는 것으로 해석할 수 있다. 삶은 결국 자아실현을 이루는 과정이다. 이를 실현하기 위해서는 끊임없는 자기계발을 하여야 한다. 자기계발을 촉진하는 방법은 다음과 같다.

(1) 목표

'Boys be ambitious!(젊은이여 야망을 가져라!)'는 1877년 미국 과학자이자 교육자인 윌리엄 클라크가 농학교 초대 교장을 마치면서 학생들에게 들려준 유명한 말이다.

첫째, 꿈을 키우고 좇아가라!, 남의 꿈이 아닌 자기 꿈을.

둘째, 호기심을 많이 가져라!, 이것이 자신을 움직이는 힘의 원동력이 될 것이다. 자기 스스로 목표를 찾고 도전하라. 모든 권한과 책임이 자신에게 있는 것이다.

모두가 불가능하다고 말했던 자신의 꿈에 끝없이 도전하고 결국에는 승리를 거둔 사람들이 자신의 목표를 실행하는 과정에서 반드시 만나게 되는 것이 장벽이다. 이때 이를 피해가는 사람과 극복하는 사람이 있다. 피할 수 없으면 즐기라는 말이 있다. 장벽을 극복하는 능력이야말로 목표를 달성하기 위해 필요한 지적 능력보다 훨씬 더 중요하다. 쉽게 얻을 수 있는 것이라면 가치가 있겠는가?

(2) 나만의 길

나만의 길을 찾아서 한 번 가보자. 자신이 좋아하는 일, 그래서 잘 할 수 있는 일, 그래서 오래 할 수 있는 일, 그래서 행복한 일을 찾자. 남들이 가는 획일적인 길이 아니라 나만의 가치 있고 보람된 일을 찾아서 도전해보는 것도 좋을 것이다.

이상을 추구하기 위한 끊임없는 도전이야말로 나를 지치지 않게 만들며, 세상을 헤쳐 나갈 수 있게 만드는 가장 큰 원동력이다. 남들의 평판보다는 자신만의 스타일을 찾는 것도 중요하다. 즉, 언제나 기준은 자기 자신이어야 하며, 자신의 생긴 모습 그대로 사는 것이다. 과거보다 나아질 미래를 꿈꾸면서 당신은 행복해질 수 있다.

(3) 동기

요즘 대학생들은 자기계발이 하나의 유행이 된 지 오래다. 그러나 대부분의 학생들은 스펙을 쌓기 위해 또는 남들이 하니까 나도 경쟁에서 뒤지지 않기 위해 자기계발을 한다.

자기계발을 하는 동기는 각자가 추구하는 가치관에 따라 다를 것이다. 그러나 일반적으로 자기계발은 자신의 인생에 있어 최적의 균형점을 찾아가

려는 동기에서 시작된다. 즉, 자신의 목표달성과 관련된 자기계발을 하면서 부족함을 채우고 자신이 원하는 분야에서 최고의 성취감을 느끼기 위해서 노력하는 것이다.

인간의 행동을 결정하는 요인은 내적 동기와 외적 동기이다. 이는 인간으로 하여금 어떤 행동을 하게 하는 원동력이다. 일반적으로 외적 동기는 내적 동기에 비해 강도가 약하므로 외적 동기보다 내적 동기를 유발하는 것이 효과적이다. 기업현장에서는 종업원들의 동기부여를 위해 내적 동기와 외적 동기를 혼용하여 사용한다.

일반적으로 가장 바람직한 동기부여는 자기 스스로 일으키는 내적 동기이다. 이는 누구의 힘이나 보상이 아닌 자기 스스로 목표를 설정하고 실행방법을 찾아 목표를 달성하는 동기이다. 그리고 내적 동기와 외적 동기가 균형적으로 조화를 이루는 것이 바람직하다.

(4) 역량강화

변화하지 않으면 도퇴된다. 선천적으로 아무리 좋은 재주를 타고 났더라도 자신을 발전시키지 못하면 흐르는 시대의 변화에 밀려나게 마련이다. 변화의 본질을 이해하고 스스로 노력하고 변화해야 한다.

자기계발은 자신의 역량을 키우기 위해 필요한 계획이다. 일반적으로 직장인들은 기업조직에서 업무성과를 높이기 위해서, 대학생들은 졸업 후 취업을 하기 위해서 역량강화는 필수적이다.

예를 들면, 회사의 영업계획서가 회사의 경제적인 발전을 위한 것이라면, 자기계발계획서는 자신의 인적 역량을 발전시키기 위해서 작성하는 것이다. 자기계발계획서를 작성할 때에는 상·하반기 등 기간별로 나누어 계획을 세우고, 세부적으로는 분기별, 월별로 세부 목표를 세워 작성하는 것이 실현가능성을 높여준다.

(5) 잠재능력 개발

모든 일에는 목적이 있듯이 자기계발에도 목적이 있다. 인간은 무한한 가능성을 가진 존재이다. 그러나 잠재되어 있는 자신의 슬기나 재능, 사상을 일깨우지 않으면 무용지물이다. 즉, 잠재능력을 개발해야 하는 것이다. 그러나 인간은 잠재능력의 10%도 사용하지 못하고 생을 마감한다고 한다. 자기계발을 통해 삶의 보람을 창조하는 것이며, 궁극적으로는 자아실현을 이루는 과정이다. 자아실현이란 자신의 능력, 가능성을 일 속에서 실현하는 것을 의미한다. 따라서 끊임없이 자기계발을 통해 잠재능력을 개발해야 한다.

또한 경력개발에도 신경을 써야 한다. 에디슨(T. A. Edison)은 "영재란 99%가 땀이며, 나머지 1%가 영감이다."라고 하였다. 이는 인간은 끊임없는 실패와 이를 극복하는 과정이라고 할 수 있다. 자신을 과소평가하지 말고 잠재능력을 가지고 있다는 믿음을 갖고 그걸 끄집어내기만 하면 된다. 자신의 이력서에 1년에 1줄씩 경력이 추가될 수 있도록 노력하면 좋지 않을까?

(6) 평생학습

태어나서부터 생을 마칠 때까지 형식적·비형식적 교육의 체계적인 습득을 지속하거나, 직업적 기술의 향상이나 개인적인 성장을 지속하는 과정을 평생학습이라고 한다. 나아가 평생교육은 학교교육뿐만 아니라 가정교육·사회교육 등을 망라하여 연령에 한정을 두지 않고 전(全) 생애에 걸친 교육으로 확대해야 한다.

현재 학교 교육이나 기업 내 교육 이외에 일반인이 참여할 수 있는 평생교육, 사이버 대학과 각종 자격증 취득, 언어 학습 등의 전문성 확보를 위한 과정과 정보통신 및 비즈니스 자격 취득 그리고 다양한 기초 지식 획득을 위한 과정 등이 있다. 진정한 평생교육의 의미를 이해하고 적극적인 참여가 필요하다.

4. 자기계발 실패원인

　많은 대학생들이 자신을 변화시키기 위해서 자기계발에 많은 시간을 할애하지만 실패하는 경우가 많다. 그 이유는 강박감에 사로잡혀 자기계발을 하거나 남들이 하니까 어쩔 수 없이 부화뇌동해서 하는 경우가 아닐까 싶다. 즉, 목표가 뚜렷하지 않거나 당장 직면한 취업준비 등으로 마음의 여유가 없기 때문일 것이다.

　또한 최선보다는 안전을 선택하는 경우이다. 어쩌면 알면서도 자유 속의 책임이 두려워 일부러 선택을 안 하는지도 모른다. 그러면서 언제나 자신이 할 수 없는 이유와 핑계를 찾는 경우 자기계발에 실패할 수 있다.

Self-examination & Future plans

(전공 :　　　　　학번 :　　　　　성명 :　　　　　)

	교육시기	추진내용	교육기관
목 표			
상황진단			
자금계획			
계발계획			

자신의 역량을 키우기 위해 필요한 계획이며, 일반적으로 취업 등의 목표를 달성하기 위해 자기계발계획서를 작성

03 자기경영

자기경영과 가족경영 그리고 기업경영은 개별적인 것이 아니라 삼위일체이다. "지금 자율과 자발로 얼마나 나를 잘 경영하고 있는가?"라는 질문에 "그렇다."라고 대답하는 사람은 그리 많지 않을 것이다. 이유는 자명하다. 자기 자신을 체계적으로 관리하지 못하고 있기 때문이다. 대부분 값진 인생을 산 사람들을 보면 '수신제가치국평천하(修身齊家治國平天下)'[21]를 근간으로 산 사람이다. 우주의 섭리와 자연의 이치를 깨닫고 자연에 순응하면서 도덕과 윤리를 행(行)하며 산 사람이다.

21) 몸과 마음을 닦아 수양하고 집단을 가지런하게 하며 나라를 다스리고 천하를 평정한다 (닦을 수, 몸 신, 가지런할 제, 집 가, 다스릴 치, 나라 국, 평평할 평, 하늘 천, 아래 하). 몸을 닦고 집을 안정시킨 후 나라를 다스리며 천하를 평정함. 유교에서 강조하는 올바른 선비의 길이다. 먼저 자기 몸을 바르게 가다듬은 후 가정을 돌보고, 그 후 나라를 다스리며, 그런 다음 천하를 경영해야 한다는 의미이다. 선비가 세상에서 해야 할 일의 순서를 알려주는 표현이라고 하겠다. 사서삼경 가운데 하나인 《대학》에 나오는 말이며, 본문은 다음과 같다.
사물의 본질을 꿰뚫은 후에 알게 된다. 알게 된 후에 뜻이 성실해진다. 성실해진 후에 마음이 바르게 된다. 마음이 바르게 된 후에 몸이 닦인다. 몸이 닦인 후에 집안이 바르게 된다. 집안이 바르게 된 후에 나라가 다스려진다. 나라가 다스려진 후에 천하가 태평해진다. 그러므로 천자로부터 일개 서민에 이르기까지 모두 몸을 닦는 것을 근본으로 삼는 것이다.

자기경영의 핵심은 마인드컨트롤(mind control)과 자기계발이다. 즉, 자신의 마음을 다스릴 줄 알아야 한다. 자기경영을 위해 선행되어야 할 것은 목표를 설정하는 일이고, 그 다음에는 끊임없는 자기계발을 통해 최적의 효율을 올릴 수 있도록 노력해야 한다. 또한 하루하루의 일과를 반성(정리)하고 내일을 어떻게 맞이할 것인가를 생각해야 한다. 자기경영은 거창한 말로 들릴지는 모르지만 결코 그렇지 않다. 평소에 대수롭지 않게 생각했던 사소한 것 하나하나가 결합되어 큰 것을 이루는 것이다. 예를 들면, 밥먹고 공부하고 놀고 일하는 모든 일상생활들이 바로 자기경영인 것이다.

영화 '역린(逆鱗)' 명대사

其次는 致曲이니 曲能有誠이니
誠則形하고 形則著하고
著則明하고 明則動하고 動則變하고
變則化니 唯天下至誠이아 爲能化니라

그 다음은 한쪽을 지극히 함이니, 한쪽을 지극히 하면 능히 성실할 수 있다. 성실하면 나타나고, 나타나면 더욱 드러나고, 더욱 드러나면 밝아지고, 밝아지면 감동시키고, 감동시키면 변(變)하고, 변(變)하면 화(化)할 수 있으니, 오직 천하(天下)에 지극히 성실한 분이어야 능히 화(化)할 수 있다.

"작은 일도 무시하지 않고 최선을 다해야 한다. 작은 일에도 최선을 다하면 정성스럽게 된다. 정성스럽게 되면 겉에 배어 나오고 겉에 배어 나오면 겉으로 드러나고 겉으로 드러나면 이내 밝아지고 밝아지면 남을 감동시키고 남을 감동시키면 이내 변하게 되고 변하면 생육된다. 그러니 오직 세상에서 지극히 정성을 다하는 사람만이 나와 세상을 변하게 할 수 있는 것이다."

출처 : 중용 23장(중국 고대 유교 경전인 예기 중에 한 편인 중용)

효과적인 자기경영을 위해서는

첫째, 자신이 이루고 싶은 꿈이나 인생의 목표가 있어야 한다. 칙센트미하이(csikszentmihalyi) 교수는 행복론에서 "인간은 통제와 몰입을 통해서 행복을 느낀다."고 주장했다. 통제란 자신의 삶의 목표를 스스로 정하고 이를 이루어나가는 과정이고, 몰입은 어떤 일에 집중할 때 즐거움과 만족을 느낀다는 것이다. 인간은 자신이 스스로 정한 목표(선택)에 더 잘 몰입할 수 있기 때문에 이때 행복을 느낀다는 것이다.

둘째, 나만의 길을 찾아서 한번 가보자. 자신이 좋아하는 일, 그래서 잘 할 수 있는 일, 그래서 오래 할 수 있는 일, 그래서 행복한 일을 찾자. 남들이 가는 획일적인 길이 아니라 나만의 가치 있고 보람된 일을 찾아서 도전해 보는 것도 좋을 것이다.

찾는 방법은 자신의 내면을 살피고 다양한 삶을 생각해 보자. 그리고 자기이해이다. 즉, 자신의 흥미 · 적성 · 성향 · 능력을 파악하고 좋아하는 것, 싫어하는 것을 자가진단하여 진정으로 자신이 원하는 것을 찾아 보자.

셋째, 자존감을 갖고 당당하게 살아가자. "나는 할 수 있다."는 자신의 능력에 대한 믿음과 자신을 사랑하는 마음을 갖자. 자신을 다른 사람과 비교하지 말고 내면의 에너지가 충만한 인간 그 자체로 만들어 보자. 이를 높이기 위해서는 끊임없이 긍정적인 자기암시와 능력을 키워야 한다.

넷째, 전략적인 사고를 가져라. 큰 틀, 장기적 관점의 사고를 갖자는 뜻이다. 자신에게 주어진 자원은 한정적이다. 즉, 시간, 돈, 에너지 등 한정된 자원을 어디에 어떻게 효율적으로 배분할 것인가에 대한 계획을 수립하여 관리해야 한다. 따라서 장기목표, 단기목표, 지금 해야 할 일을 잘 살펴서 선택과 집중을 해야 한다.

개구리 이야기

"서서히 데워지는 물속에서 뜨거운 줄도 모르고 죽어가는 개구리가 될 수밖에 없을 것이다."

이 이야기는 서서히 일어나는 중요한 변화에 반응하지 않고 무능하고 무관심한 사람들을 은유할 때 사용되는 말이다. 즉, 환경변화 시대흐름에 따라 끊임없이 자기계발을 해야 한다. 혁신은 자기 자신과의 싸움이다. 편리함보다는 불편함이다. 의지를 갖고 은근과 끈기로 극복해야한다. 그러지 않으면 포기하기 쉽다. 과거의 편안함으로 돌아가는 것이다.

아울러 "시테크"도 중요하다. 누구에게나 하루 24시간이 주어진다. 시간 관리를 어떻게 하느냐에 따라 인생이 달라질 수 있다. 대부분 자기경영에 실패한 사람은 시간관리를 잘못했기 때문이다. 하루에 대한 행동계획을 수립해서 관리해 나가는 것도 좋을 것이다.

다섯째, 건강관리를 잘 해야 한다. 자기경영에 있어서 가장 중요부분일지 모른다. 목표를 거창하게 세웠다 하더라도 이를 수행하는 데 있어서 체력이 따라주지 않으면 이룰 수 없다. 아무리 돈이 많은 사람이라도 다른 사람이 건강관리를 대신해 줄 수는 없다. 오직 자기의 몸을 스스로 움직여야만 가능한 일이다. 평소 규칙적인 운동과 힐링(healing)을 통해 지속적으로 관리해야 한다.

고	긴급성	저
고		
	중요하고 긴박한 일 위기(사고, 매출급감) 긴급한 문제(클레임)	중요하나 긴급하지 않음 목표, 중·장기계획 해외연수
중요성		
	긴급하나 중요하지 않음 친구 만나기 전화받기	긴급하지도 중요하지도 않음 컴퓨터게임 TV보기
저		

여섯째, 자신의 분노를 조절할 줄 알아야 한다. 자신의 분노를 참지 못해 일어나는 사건·사고들이 갈수록 늘어나고 있고 날로 흉폭해지고 있다. 여러 가지 원인이 있겠지만 물질만능주의의 병폐가 아닌가 싶다. 이를 조절하거나 참지 못하면 하루 아침에 자신의 인생을 망친다. 가족들까지도… 자기에게 일어나는 감정을 그때그때 살펴서 극단적인 행동이 일어나지 않도록 감정을 관리해야 한다.

감정관리법

순간순간 일어나는 자신의 마음작용을 관찰하라.
그러한 마음작용의 원인을 찾아보라.
그 원인에 대한 자신의 생각이 어떤지 살펴보라.
그것을 객관화하고 합리적 사고로 전환하라.

그 이외에도 대부분 대성한 사람들은 열정과 끈기, 영혼까지도 불사른 미친 듯이 무엇인가를 좋아한 사람들이다. 피할 수 없으면 즐기라는 말이 있다. 모든 일에 열정을 갖고, 상생(相生)하고, 협력하고, 더불어 사는 삶, 반발짝씩 양보하는 삶을 살도록 노력하자.

결과적으로 성공적인 삶은 산 사람들은 자기 분야에서 최선의 노력을 경주하고 목표를 이루고 그리고 하늘의 뜻을 기다린 사람이다. 따라서 목표를 세우고 철저한 자기 혁신과 뼈를 깎는 고통을 이겨낸 자만이 성공 · 행복이라는 달콤한 열매를 맛볼 수 있다.

진인사대천명(盡人事待天命)

인간으로서 해야 할 일을 다하고 나서 하늘의 뜻을 기다린다는 한자성어이다. 이는 사람으로서 자신이 할 수 있는 어떤 일이든지 노력하여 최선을 다한 뒤에 하늘의 뜻을 겸허히 받아들여야 한다는 것이다. 자신의 일을 성실히 하지 않고 요행을 바라는 사람에게 최선을 다하라고 강조하는 말이다. 속담 "하늘은 스스로 돕는 자를 돕는다."와 비슷한 말이다.

성공한 사람들의 성공요인

성공한 사람들	성공요인
고 정주영 회장	목표, 담담한 마음[22], 시련은 있어도 실패는 없다, 언제나 처음처럼, 도전정신, 뚝심, 강한 정신력, 무쇠 체력, 추진력, 직관이나 통찰력(insight), 발상의 전환(창의력)

22) 담담한 마음 : 인간의 마음을 굳세게 해주고 총명함을 유지시켜 준다. 어떤 상황이나 일에 부딪쳤을 때 담담한 마음으로 임하면 평정심을 잃지 않고 문제해결이나 위험을 극복할 수 있는 지혜를 얻을 수 있다.
담담한 마음은 무슨 일을 할 때 갈피를 잡을 수 없이 뒤섞여 어수선하지 않고 말이나 생각이 정직한 상태를 말한다(모든 것을 복잡하게 생각하면 인간의 의지는 약해진다). 맑은 마음을 가질 때 좋은 생각이 나오고 담담한 마음을 가질 때 태도도 당당하고 굳세고 의연해지는 것이다.

성공한 사람들	성공요인
반기문 유엔 사무총장	목표, 삶과 행복의 메시지, 설득, 인간관계, 끊임없는 자기계발, 리더십, 성공습관, 시테크
강수진 발레리나	목표, 끊임없는 노력과 성실성, 연습벌레, 신념, 열정, 한계극복, 도전, 모험, 성찰, 자신과의 싸움, 영혼까지 올인
히딩크(Guus Hiddink)	목표, 전문성, 상호 신뢰, 포용력, 책임감, 동기부여, 유머, 체계적(과학적) 훈련, 의사소통
워렌 버핏 (Warren Buffett)	방향, 기본과 원칙, 끊임없는 노력, 생활습관, 자기관리, 절약정신, 건전한 투자자세
빌 게이츠(Bill Gates)	꿈(목표), 끼(재능), 꾀(전략, 로드맵), 끈(인맥 네트워크), 깡(실행력, 도전), 꼴(이미지), 꾼(프로근성)

23) 개과천선 : 지나간 허물을 고치고 바른 길로 들어섬. 과거에 지은 악업(惡業)을 진심으로 참회(懺悔) 반성하고 다시는 악업을 짓지 아니하며 선업(善業)을 쌓아가는 것을 말한다.
改 고칠 개, 過 지날 과, 재앙화, 遷 옮길 천, 善 착할 선

04 개과천선(改過遷善)[23]

1. 바람직한 삶의 자세

(1) 우주의 섭리, 자연의 이치를 따른다. 즉 순리대로 살자.

1장에서 다뤘던 바와 같이 물질만능주의에서 정신적 가치로의 전환이 시급하다. 즉 인본주의로의 회귀, 인간존중이다. 그리고 도덕과 윤리적인 삶을 살아야 한다.

(2) 자신의 마음을 다스리는 일(mind control)이다.

좋은 토양에서는 곡식이 잘 자라고 나쁜 토양에서는 잘 자라지 않듯이, 넓고 넓은 바다도 작은 샘물이 모여서 되듯이 작음의 이치를 깨닫고 마음만은 바다처럼 깊고 넓고 평온하게 만들어야 된다. 이것은 욕심을 버리고 수양(修養)[24]을 통해서만 가능하다. 그리고 늘 깨어 있어야 한다.

24) 수양 : 몸과 마음을 갈고 닦아 품성이나 지식, 도덕 따위를 높은 경지로 끌어올림.

(3) 건강관리를 잘하자.

한번 길들여진 나쁜 습관을 고치려면 생각처럼 쉽지 않다. 작심삼일[25]이다. 자신이 원하는 목표를 이루고 건강한 삶, 행복한 삶을 살기 위해서는 몸과 마음을 늘 건강하게 유지해야 한다.

25) 작심삼일 : 결심한 마음이 사흘을 가지 못하고 곧 느슨하게 풀어짐.
作 만들 작, 心 마음 심, 三 석 삼, 日 날 일. 결심이 굳지 못함을 이르는 말

2. 개과천선법

(1) 나쁜 습관 고치기

인간은 어떤 행동을 반복적으로 하면 습관이 된다. 따라서 그런 습관을 고치려면 아주 오랜 시간이 걸린다. 나쁜 습관을 고치려면 자신의 잘못된 점을 스스로가 알아차리고(인정) 고치려고 노력(행동)하고 철저한 관리(반복)를 해야 한다. 처음부터 무리한 욕심을 버리고 작은 습관부터 고쳐보는 지혜가 필요하다.

따라서 진정으로 자신의 삶을 바꾸고 싶다면 자신이 고쳐야 할 나쁜 습관들을 머리로만 이해하는 것이 아니라 마음으로 깨닫고 행(行)해야 한다. 수없이 반복적으로…

개과천선

　　진(晉)나라 혜제(惠帝) 때 양흠 지방에 주처(周處)라는 사람이 살았다. 아버지가 일찍 세상을 떠나 배울 기회를 잃은 그는 방탕한 생활을 하고 걸핏하면 남을 두들겨 패는 등 난폭하여 마을 사람들로부터 남산의 호랑이, 장교(長橋)의 교룡(蛟龍)과 더불어 "삼해(三害)"라는 평을 들었다.

　　주처는 철이 들면서 자신의 과오를 깨닫고 지난 허물을 고쳐서 새사람이 되겠다(통개전비 중신주인(痛改前非 重新做人))는 결심을 하였다. 이에 동네 사람들은 "남산에 사는 사나운 호랑이와 장교 밑에 사는 교룡을 죽인다면 자네의 말을 믿겠네."라고 하였다. 마을 사람들은 주처가 죽기를 바라고 이런 제안을 한 것이다. 오랜 사투 끝에 그는 호랑이와 교룡을 죽이고 마을로 돌아왔으나 반갑게 맞아주는 사람은 아무도 없었다.

　　실망한 주처는 마을을 떠나 동오(東吳)에 가서 학자 육기(陸機)를 만나 사정을 이야기하자 육기는 "굳은 의지를 가지고 지난날의 과오를 고쳐 새 사람이 된다면[(개과천선(改過遷善)] 자네의 앞길은 무한하네.라고 격려해 주었다. 이에 용기를 얻어 10년 동안 학문과 덕을 익혀 마침내 학자가 되었다. 공자는 "허물을 고치지 않는 것이 더 큰 허물이며, 허물을 알았으면 고치기를 꺼리지 말라."고 하였다.

출처 : 진서(晉書) 본전(本傳) 중 입지담(立志談).

(2) 마인드컨트롤(mind control) 능력 키우기

"내가 내 마음을 잘 다스린다."는 뜻이다. 이것이 되는 사람은 자신이 원하는 삶을 살 수 있지만 이러한 경지에 오르기란 쉬운 일이 아니다. 그러나 명상법(호흡관찰, 죽음명상), 바이오피드백(biofeed–back)[26] 등의 수련방법을 통해 얼마든지 극복할 수 있다. 지속적, 반복적으로 수양해야 된다. "네 탓이요"가 아니라 "내 탓이요", 긍정적인 자기암시, 욕심을 버리는 마음가짐 등이 수양하는 데 큰 도움이 된다.

가장 바람직한 방법은 생활 속에서 명상을 하면 좋다. 즉, 일상생활을 하면서 끊임없이 일어나는 마음작용(불만, 갈등, 다툼)을 그때그때 살펴 정화하는 것이다. 간단한 방법으로는 분노가 치밀어 오를 때 하늘을 바라보며 깊은 심호흡을 3번 정도 하면 격한 마음이 진정되는 효과가 있다.

26) 바이오피드백 : 자기컨트롤법. 즉 생체의 신경·생리상태 등을 어떤 형태의 자극정보로 바꾸어서 그 생체에 전달. 고혈압·두통·부정맥·간질·천식·불안신경증·불면증 등의 치료법으로 연구되고 있음.

명상방법

마음을 자연스럽게 안으로 몰입시켜 내면의 자아를 확립하거나 정신을 집중하는 것 명상은 스트레스 관리, 학습 향상, 건강 증진, 경기력 향상, 약물중독 치료, 심리 치료, 습관 교정, 종교적 영성 개발, 자기 수양과 같은 다양한 효과가 있다.

방법은 주로 가부좌를 틀고 앉아 자신의 호흡을 관찰하는 호흡명상법이 있다. 즉, 자신의 호흡을 관찰하면서 마음을 정화시키는 방법이다.

일단 허리를 바로 세우고 자세를 잡고 앉는다.

명상을 위해서는 잡생각을 멈춰야 한다.

눈을 지그시 감고 코로 숨을 자연스럽게 쉬면서 호흡이 들고 나는 것에 집중한다.

이때 잡념이 생기면 의식을 다시 호흡을 관찰하는 데 집중하면 된다.

일주일에 3~4번, 하루 30분 정도 반복하면 좋다.

(3) 심신^(心身)을 단련하자.

"재물을 잃으면 일부를 잃는 것이요, 건강을 잃으면 전부를 잃는 것이다."
라는 말이 있다. 억만금이 있더라도 건강하지 못하면 아무런 소용이 없다. 몸
과 마음은 상호작용관계이다. 명상과 더불어 산책, 운동^(2~3가지), 요가, 스트레
칭 등을 통해 꾸준히 건강관리를 해야 한다. 즉, 심신^(心身)을 단련해야 한다.

복근/마음근육 만들기

　식스팩(복근)을 만들려면 헬스클럽에 가서 열심히 운동하고 식이요법을 하면 금방
좋아지는 것을 눈으로 확인할 수 있다. 그러나 마음은 생김새도 모르고 작용범위도
가름하기 힘들기 때문에 수양을 한다 해도 보이지 않는다.
　그러나 운동을 열심히 하면 식스팩이 생기듯이, 열심히 명상을 하면 비록 보이지
는 않지만 건강한 마음의 근육이 생기는 것을 느낄 것이다. 즉, 마인드 컨트롤이 된다
는 것이다.

(4) 자연치유능력을 키우자.

　인간은 어떤 질병에 대해 특별한 요법을 사용하지 않더라도 자연히 회복
되는 기능이 있다. 즉, 인간이 살고 있는 땅, 공기, 물, 식물에는 자연 에너지
가 있고, 이를 통해 인간과 만나 공명을 일으켜 치유된다. 즉, 생체가 지닌
방어기능을 활성화시켜 자연치유를 촉진시키는 것이다. 가벼운 산책과 등
산을 하면 좋은 이유이다.

　예를 들면, 실제로 포유동물의 경우 자신의 몸이 아프면 활동을 중단하고
가만히 움추리고 앉아서 스스로 체온을 높여 자연 치유력을 높이듯이, 인간
도 기본적인 자연치유 상태를 유지한다면 웬만한 질병은 치유할 수 있다.
그러나 질병의 경우에는 의사의 진료를 받으면서 병행하는 것이 좋다.

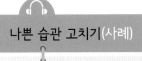

나쁜 습관 고치기(사례)

그는 나쁜 습관을 고치기 위해 심리상담을 받았다. 이제 그는 회의시간에 어떤 직원의 의견에 동의하지 않을 때 자신의 생각을 강요하는 식으로 반응하지 않는다.

그는 신경이 날카로워지는 순간이 오면 아내와의 관계에서 좋았던 기억을 떠올리려고 노력한다. 결혼생활이 행복하려면 부부가 서로 노력해야 하는데, 똑같은 원칙이 직장동료들과의 관계에도 적용된다는 사실을 그는 되새긴다.

이런 훈련은 효과적이었다. 생산성은 올라가고 팀 분위기도 좋아졌다. 그가 이끄는 팀은 신상품을 개발하는 등 좋은 성과를 냈다.

만성적으로 게으르거나 일을 체계적으로 하지 못하는 등 누구나 나쁜 업무 습관 하나쯤은 갖고 있다. 그런데 습관을 고치려면 신년 각오를 다지는 것 이상의 노력이 필요하다. 전문가들은 나쁜 습관은 특정한 맥락에서 반복적으로 강화되는 습관적 반응이라고 설명한다. 문제가 뭔지 파악하고, 원인을 규명하고, 나쁜 습관을 좋은 습관으로 대체할 필요가 있다.

시작이 반이다. 습관을 고친다는 것은 엄청나게 어려운 일처럼 느껴질 것이다. 타성에서 벗어나는 것은 엄청나게 어려운 일이다. 그래서 단계적으로 접근할 필요가 있다.

이룰 수 있는 작은 목표로 세분화하고, 작은 목표를 달성했을 때 스스로에게 보상을 주자. 이렇게 단계적으로 목표를 이뤄가야 최종 지점에 도달하기가 쉬워진다.

나쁜 습관을 좋은 습관으로 대체하라.

나쁜 습관을 유발하는 원인을 곰곰이 생각해볼 필요가 있다. 스트레스를 받으면 뭔가 먹는 습관이 있다는 사실을 알게 됐다면, 간식을 먹는 습관을 고치자고 결심하지 말고 어차피 먹을 거라면 건강한 간식을 먹어야겠다고 다짐하자. 스트레스를 받으면 사과를 먹어야겠다고 결심하면, 간식을 먹던 나쁜 습관이 사과를 먹는 좋은 습관으로 대체될 수 있다.

포기하지 말고 천천히 고쳐 나가자.

장기간 몸에 벤 나쁜 습관을 고치려면 시간이 필요하다. 전문가들은 자신의 행동을 기록으로 남겨서 일과와 습관을 되돌아보는 시간을 가지라고 조언한다.

또한 집이나 직장에서 바람직하지 않은 반응을 불러일으키는 요소는 제거하라. 회사에서 직원들을 위해 달콤한 간식을 쌓아둔 곳이 내가 앉은 책상과 가깝다면, 내 책상 서랍 안에 건강한 간식을 채워둘 것. 담배를 끊으려고 노력 중이라면 회사나 집 말고 다른 곳에서도 담배를 참을 수 있는지 시험해볼 것

출처 : 월스트리트저널, 2015.

Self-examination & Future plans

(전공 :   학번 :   성명 :   )

1. 자신의 인생설계를 해보세요.

연 령	장기계획	단기계획	실행계획
20대			
30대			
40대			
50대			
60대			
70~80대			
80~100대			

작성요령 → 장기계획 : 5년 이상 / 단기계획 : 1년 / 실행계획 : 구체적인 행동계획

2. 스트레스 자가진단 테스트

항 목	전혀 그렇 지 않다 (0점)	그렇지 않다 (1점)	그렇다 (2점)	매우 그렇다 (3점)
1. 쉽게 짜증이 나고 기분의 변동이 심하다.				
2. 피부가 거칠고 각종 피부질환이 심해졌다.				
3. 온몸의 근육이 긴장되고 여기저기 쑤신다.				
4. 잠을 잘 못 들거나 깊은 잠을 못 자고 자주 잠에서 깬다.				
5. 매사에 자신이 없고 자기비하를 많이 한다.				
6. 별다른 이유 없이 불안 초조하다.				
7. 쉽게 피로감을 느낀다.				
8. 매사에 집중이 잘 안 되고 일(학습)의 능률이 떨어진다.				
9. 음식을 보면 먹고 싶은 충동을 참지 못한다.				
10. 식욕이 없어 잘 안 먹거나 갑자기 폭식한다.				
11. 기억력이 나빠져 잘 잊어버린다.				

출처 : HiDoc, 2015.

점 수	평 가
0~11점	스트레스 지수 0%, 거의 스트레스를 받지 않는 상태, 지금 그대로 잘 유지한다.
12~13점	스트레스 지수 20%, 약간 스트레스를 받고 있으니 사람과의 교제를 늘리고, 내게 주어진 일을 억지로 맡는 것이 아니라 자신을 위해 한다고 생각하고 임해본다.
14~16점	스트레스 지수 40%, 비교적 스트레스가 심한 편이므로 스트레스의 원인을 찾아서 적극적으로 맞서보자. 적절한 운동과 고른 영양 섭취, 충분한 수면이 필요하다.
17~20점	스트레스 지수 60%, 최악은 아니지만 심한 스트레스를 받고 있으므로 우선 신체 상태에 대한 정기적인 검진을 하고, 스트레스의 원인을 찾아 줄이기 위한 적극적 대책이 필요하다.
21점 이상	스트레스 지수 80%, 탈진기라 부르는 위험기이다. 이때는 스트레스에 대한 몸의 방어능력을 잃게 되어 각종 신체 질병이나 정신질환이 나타날 수 있으니 두려워 말고 정신과 상담을 받아본다.

Chapter 06

인성(人性)

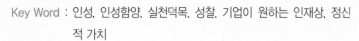

Chapter 06 인성

이 장에서는 인성을 통해 자기 자신이 고귀하고 무한한 잠재능력의 소유자라는 것을 믿는 마음을 찾는다. 그리고 우리는 인간다운 삶, 그리고 더 나아가 아름답고 행복한 사회를 이루기 위해서 올바른 인성에 눈을 떠야 한다.

Key Word : 인성, 인성함양, 실천덕목, 성찰, 기업이 원하는 인재상, 정신적 가치

01 인성의 개념

　인성은 매우 포괄적이고 추상적인 개념을 함축하고 있어 한마디로 단정하기는 어렵지만 인간의 본성, 즉 사람 됨됨이를 말한다. 인성은 선천적·후천적 요인에 따라 형성되어 개인의 도덕적 기준이 되고 외부의 사물이나 현상의 자극을 받아 일정한 경향의 반응을 보이는 개인이 갖추고 있는 고유한 성품이라고 할 수 있다. 인성이 좋다는 것은 결국 그 사람의 인품이 좋다는 말과 같다.

　인성의 사전적 정의를 살펴보면, 사람의 성품, 즉 각 개인이 가지는 사고와 태도 및 행동 특성을 말한다. 유학에서는 인간이 타고난 본성, 즉 사람이 갖춰야 할 덕성을 의미하며, 서양 심리학에서는 환경에 대해 개인이 나타내는 적응방식이나 행동특성을 말한다.

인성계발의 목적은 자신이 고귀하고 무한한 잠재능력의 소유자라는 것을 발견하고 믿는 것이다. 내가 나를 믿는다는 것, 가장 어려운 일이지만 가장 중요한 일이다. 내가 나를 믿어야 다른 사람 앞에서 당당할 수 있다.

인성은 개인이 갖추고 있는 고유한 인식표와 같다. 우리는 완전하게 태어난 사랑스러운 존재이다. 그러나 현대인들은 자신 안의 무가치함에 갇혀 스스로를 비난하면서 고통스러운 인생을 살고 있다. 예를 들면, 하늘은 늘 존재하지만 구름이 끼었을 때 우리 눈에는 잘 보이지 않는 것과 같이 인간은 누구나 자신만의 고유한 인성을 갖고 있는데 환경이나 상황에 따라 달리 나타날 뿐이다.

한편 인성을 학문적인 측면에서 살펴보면, 교육학 분야에서는 인성, 정신분석학 분야에서는 인격, 심리학 분야에서는 성격으로 통용되고 있다. 인성에 관한 연구는 학문분야로 국가에 따라 다양하게 연구되고 있다. 세계적인 심리학자인 프로이드(S. Freud)는 개인이 본능적 욕구를 현실적, 도덕적 제약 속에서 합리적으로 충족시키려는 측면에서 인성을 파악하였고, 미국의 심리학자인 로저스(C. Rogers)는 자신이 겪는 독특한 주관적인 경험을 통해서 자아실현을 이루어 나가는 측면에서 인성을 이해하였다.

또한 미국의 행동주의 심리학자인 스키너(B. F. Skinner)는 개인이 어떤 독특한 변화과정을 통하여 학습한 일련의 행동과 형태적인 측면에서 인성을 연구하였다. 성격심리학자인 올포트(G. W. Allport)는 인성을 개인이 환경에 적응하는 데에는 자신만의 독특한 적응방식이 있는데, 이 독특한 방식을 규정짓는 심리·생리적인 역동체제로 보았고, 성격심리학자인 캐텔(R. B. Gattell)은 인성을 유기체[27]와 환경과의 모든 행동에 관계되는 것을 인성으로 보았고, 심리학자인 아이젠크(H. J.

27) 일반적으로 유기체란 각 부분이 유기적으로 연결되어 전체적으로 조화로운 기능을 하는 생명체를 말한다(몸의 각 부분과 마음이 전체적으로 조화로운 상태). 심리학에서의 유기체란 인간의 부분인 육체와 마음이 통합되지 못하고 분열된 것을 의미한다(다시 하나의 유기체로 통합시켜야 한다).
그래서 자신의 자아와 육체의 분열을 통합하여 심신이 하나로 통합된 건강한 유기체로 만들고 그 다음으로는 자아와 환경과의 통합이다. 그리고 분열된 자아를 통합하는 마지막 단계가 전유기체의 단계인데 보통 삶과 죽음의 한계에 부딪친 실존주의로 표현한다. 실존주의란 본질 탐구의 철학, 즉 합리주의 철학을 반대하고, 개개의 단독자인 현실적 인간, 즉 현실의 자각적 존재로서 실존(existence)의 구조를 인식·해명하려고 하는 철학사상이다.

Eysench)는 타인과는 구별되는 개체의 모든 인식적 · 감정적 · 의지적 및 신체적 특징의 통합적 체제로 보았다.

상기 학자들의 주장을 살펴보면, 인성이란 생활공간 내에서 개체가 존재하는 행동양식을 뜻하며, 타인과는 다른 특징적인 것이 있다고 정리할 수 있다. 최근에는 인성을 여러 특성이 서로 역동적 관계를 맺고 있는 구조로서 이것을 환경 속에서 이해하려고 하고 있다.

인성의 형성은 일반적인 측면에서는 개체의 기본적인 충동동인, 욕구의 충족 그리고 방해받았을 때의 반응 등에 의해서 결정된다고 보았다. 문화인류학적인 측면에서는 유아기의 수유, 이유, 배설 등의 훈련에 의해 영향을 받는다는 학자도 있다. 어쨌든 인성의 형성에는 유아기의 경험이 매우 중요하다고 볼 수 있다.

또한 인성은 의식의 바탕인 지(지성) · 정(감정) · 의(의지)를 조화롭게 발달시키는 마음과 올바른 자아실현을 위한 가치관 그리고 사회적인 도덕적 삶을 추구하기 위한 도덕의식 등 세 가지로 구성되어 있다고 보았다.

따라서 우리는 인간다운 삶, 그리고 더 나아가 아름답고 행복한 사회를 이루기 위해서 올바른 인성에 눈을 떠야 한다.

로저스(Carl Rogers)의 건강한 인간상

· 고정된 상태가 아닌 진행되는 과정이다.
· 경험을 수용하고 융통성이 있다.
· 순간 순간 일어나는 일에 개방적이다. → 늘 깨어있다.
· 유기체적 감각을 신뢰한다. → 주석참조
· 선택이나 행동이 자유롭다.
· 독창적으로 사고하고 창조적 삶을 산다.

올포트(G. W. Allport)의 성숙한 인간상

· 자아감을 확장한다. → 자신이 누구인가에 대한 생각 · 인식 · 신념 · 느낌
· 타인과 우호적인 관계를 맺는다.
· 정서적 안정감을 갖는다.
· 객관적인 지각을 한다.
· 일에 대한 능력과 책임을 갖는다.
· 자기 자신을 안다.
· 일관성 있는 생의 철학을 갖는다.

02 인성의 중요성

1. 인성교육의 필요성

인성교육은 자신의 내면을 바르고 건전하게 가꾸고 타인 · 공동체 · 자연과 더불어 살아가는 데 필요한 인간다운 성품과 역량을 기르는 것을 목적으로 한다.

인성의 영역으로는 자아정체성, 도덕성, 공동체의식, 인간관계 등 다양한 내용이 있다. 인성이 잘 갖춰진 사람은 스스로 행복을 만들 줄 안다. 좋은 인성을 갖춘 사람은 자아존중감은 물론 자신을 통제하고 나아가 타인을 이해하고 포용하고 배풀 줄 안다. 또한 성공한 사람들의 사례를 살펴보면 바른 인성을 갖추는 것이 진정한 성공의 길임을 알 수 있다.

최근 각종 언론보도에 따르면 자신의 감정과 분노를 조절하지 못하거나 반사회적인격장애로 인해 묻지마식 범죄가 날로 증가되고 있다. 또한 학교와 가정에서도 폭력이 난무하고 학교는 입시 위주의 교육으로 인한 사회적 폐해가 커지고 있는 현실에서 올바른 인성교육은 시대적인 요구이자 가장 근본적인 해결책이다.

따라서 그동안 경제발전에 따른 물질주의의 팽배로 인해 등한시되었던 인성에 대한 필요성이 더욱 절실하고 시급하다. 인성이 함양되었다는 것은 개인이 인격적으로 성숙되었다는 의미이며, 바람직한 인간상은 성숙한 인간, 건강한 인간, 생산적 인간, 자아실현적 인간, 충분히 기능하는 인간 등으로 정리할 수 있다.

(1) 성숙한 인간

매슬로우(A. Maslow)의 주장에 따르면 성숙한 인간은 자아실현을 성취한 사람으로서 건전한 성격을 가진 사람이라고 할 수 있다. 이는 효율적인 현실 지각을 하고 자신이나 타인 그리고 인간본성에 대한 일반적인 수용을 할 수 있는 사람으로서 자발성, 솔직성, 자연성을 지녔다. 또한 신비체험 또는 절정체험을 경험하고 사회적 흥미, 대인관계, 창의성, 수단과 목표, 선과 악을 구별할 줄 안다. 따라서 매슬로우(A. Maslow)는 자아의 본질이 실현되는 것, 즉 자아가 실현되는 사람이 성숙한 인간이라고 하였다.

(2) 건강한 인간관계

인간은 사회적 동물이다. 태어나면서 죽을 때까지 끊임없이 타인과의 상호작용을 경험하게 된다. 인간은 타인과의 관계를 맺는 데 건강하고 좋은 관계를 원하며, 인간관계를 통해서 성장하고 살아가는 활력을 얻는다. 그런데 때로는 성장에 도움이 되는 긍정적이고 건강한 관계를 경험하기도 하고,

때로는 성장에 장애가 되는 관계를 경험하기도 한다. 따라서 건강한 인간 관계는 인간 상호 간에 만남과 공유뿐 아니라 관계가 지속되는 동안 개인은 성장하는 동시에 공동의 목표를 성취하는 것이다.

예를 들면, 사람들은 인간관계를 할 때 어떤 사람에게는 인정받으려고 자존심을 내세우거나 자신을 포장해보지만 오히려 초라했던 경험이 있었을 것이다. 반면 다른 사람에게는 편하고 자연스럽게 행동해도 인정받기 때문에 더 잘 보이려고 할 필요가 없던 경험이 있었을 것이다. 이렇게 편안하고 자유로운 자신의 참모습을 보여줄 수 있는 참만남에서 오히려 좋은 관계로 발전할 수 있다.

이때 무엇보다 중요한 것은 내가 상대방에게 요구하는 것과 동등한 자유를 상대방에게 제공해야 한다. 즉, 자신의 있는 그대로를 상대방에게 인정받으려면 나도 상대방을 있는 그대로의 모습을 인정해야 한다.

따라서 건강한 인간관계는 서로가 참모습을 인정해주고 편안함과 자유로움을 느끼고 공유하며 나아가 두 사람만의 독특하고 고유한 관계를 함께 창조해나가는 일이다.

(3) 생산적 인간

에릭 프롬(E. Fromm)의 생산적 인간이란 인간의 능력과 잠재력을 모두 발휘하는 것을 의미한다. 예를 들면, 복수는 집단이나 개인이 갖는 힘 또는 생산성과 반비례한다. 만약에 약자가 위해를 받아 자존심에 상처를 받았다면 자존심을 회복할 수 있는 방법은 단 하나밖에 없다. '눈에는 눈, 이에는 이'라는 동태복수법이다.

한편 생산적 인간은 상처를 입고 모욕을 받고 위해를 받았더라도 생산적으로 사는 과정에서 위해를 잊을 수 있다. 이는 생산하는 능력은 복수욕보다 더 강하다는 것을 의미한다.

따라서 건강한 인간관계, 생산적인 인간관계가 되려면 우선 자기 자신에 대하여 객관화할 수 있어야 하고, 타인을 있는 그대로의 시각으로 바라볼 수 있어야 한다. 즉, 자기긍정, 타인긍정의 태도이다. '나도 옳고 너도 옳다.'의 입장을 갖고 인간관계를 하는 것이 바람직하다.

(4) 자아실현적 인간

자아실현적 인간은 심리적으로 건강하고 성숙한 인간을 말한다. 건강하고 성숙한 인간은 현실에 대한 적절한 자각을 하며 자기 자신과 타인에 대해서 안락하고 만족스럽게 생각한다. 죄의식이나 불안 때문에 괴로워하지 않으며, 자발적이고 즉각적 만족을 지연시켜 더 큰 만족을 얻는 지연적인 것을 추구하여 자기중심적[28]이기보다는 오히려 문제중심적[29]인 특징을 지닌다.

28) 남의 일보다 자기의 일을 먼저 생각하고 더 중요하게 여기는 또는 그런 것
29) 문제와 관련된 본질적인 원인을 밝혀내고 해결하려는 접근방법

(5) 충분히 기능하는 인간

만약 인간이 유기체의 가치화 과정을 완전히 체험할 수 있다면, 당연히 성장과 잠재력 실현을 향한 진전을 경험하게 될 것이다. 즉, 인간은 충분히 기능하는 사람(fully functioning person)이 되기 위해 움직일 것이다. 로저스(C. R. Rogers)에 따르면 이러한 사람들은 다음과 같은 특성을 지니고 있다고 주장하였다.

- 경험에 개방적이다. : 충분히 기능하는 사람은 방어적이지 않고, 자신이 느끼는 두려움, 낙담, 용기, 경외감 같은 감정에 대해 열려 있다. 그들은 자신의 경험을 덮어 두기보다는 충분히 알아차리고 수용할 줄 안다.
- 실존적인 삶을 살아간다. : 충분히 기능하는 사람은 자신의 경험이 현재 일어나는 듯 살아가며, 그 경험에 대해 선입견을 갖지 않는다. 그들은 열려 있고 경험을 있는 그대로 받아들이며 자신을 위한 경험의 의미를 발견한다.

- 자신의 유기체를 신뢰한다. : 충분히 기능하는 사람은 자신이 느끼기에 합당한 일을 한다. 이것은 자신의 선택이 막무가내로 옳다는 의미보다는 자신의 선택권을 행사하거나 결과를 경험하고, 만약 만족하지 못하면 수정한다는 의미이다.

- 창의적이다. : 개인이 새로운 경험에 대해 열려 있고 자신의 판단을 믿으며, 새로운 모험에 대해 긍정적으로 위험을 각오한다면 창의적 산출물과 창의적인 삶이 실현될 것이다.

- 다른 사람들보다 더 풍부한 삶을 산다. : 이들은 좋은 삶을 산다. 충분히 기능하는 사람은 행복, 만족, 안전, 기쁨과 같은 감정을 적절한 때에 경험하며, 흥미진진하고 도전적이며 보람 있는 삶을 살아간다. 용기 없는 사람의 삶이 아닌 위험을 각오하고 종종 고통을 경험하며 도전을 용감히 맞닥뜨리는 삶을 살아간다(Rogers, 1961, pp.187-196).

2. 학교에서 인성교육의 필요성

과거에는 가정 내 교육을 통해 기초 생활습관을 익히고 올바른 가치관을 정립하며, 공동체 구성원으로서 살아가는 방법을 배웠다. 그러나 본격적으로 경제개발이 시작된 60년대 이후 급속한 도시화, 산업화로 핵가족 구성이 보편화되면서 가정의 이러한 기능 중 많은 부분이 학교로 옮겨가고 있으며, 바람직한 인격체로의 성장을 위해 이제는 인성도 학교 교육의 영역이 되었다.

즉, 현대에는 '나'를 중심에 놓고 생각하는 경우가 많아 '우리'의 중요성과 가치를 잘 모른다. 공동체와 조화를 이루며 사는 법을 가르치는 인성교육이 우선되지 않으면 그 어떤 교육도 의미가 없다.

인성교육의 목표는 올바른 자아상의 정립, 사회공동체 구성원으로서 바람직한 인격 형성에 있다. 인성의 핵심 요소는 배려, 나눔, 협력, 타인존중,

갈등관리, 관계지향성, 규칙준수 등이다. 대학생들에게 인성교육이 강화된 교양교육을 통해 가정, 직장, 사회에서 건강하고 적응적인 예비 사회인으로 성장할 수 있도록 도와주는 인성함양교육은 이제는 선택이 아닌 필수이다.

또한 대학생들의 인성교육에 대한 필요성은 취업과 진로준비 그리고 직장생활 적용을 위해서도 필요하다. 기업의 인사담당자들은 신입사원을 채용할 때 인성 및 태도를 중시하는 경향이 두드러지게 나타난다. 성공적인 직장생활을 위해서는 자기이해, 타인과의 협력, 관계, 소통 등이 필수이기 때문이다.

3. 인성검사

다면적 인성검사(MMPI)는 개인의 성격, 정서, 적응 수준 등을 다차원적으로 평가하기 위해 개발된 자기보고형 성향검사이다.

과거에는 정신건강의학과에서 환자들의 정신병리를 더 신뢰할 만하고 효율적으로 진단평가할 목적으로 개발되었으나, 최근에는 진단평가 도구로서의 목적뿐만 아니라 정상인들의 성격 특성, 정서적 적응 수준, 검사에 임하는 태도 등 다양한 심리 내적 영역을 양적으로 측정할 목적으로 이루어진다.

검사방법은 타당도 척도, 임상 척도, 재구성 임상 척도, 성격병리 5요인 척도, 내용 척도, 보충 척도, 결정적 문항 등으로 측정된다. 임상 척도에는 심기증(心氣症)·우울증·히스테리·정신병질·남,여향성·편집증(偏執症)·정신쇠약증·조현증(정신분열증)·경조증·사회적 내향성이라는 열 개의 하위검사가 있고, 타당성 척도에는 허구점수·신뢰점수·수검태도점수를 측정할 수 있는 세 개의 하위검사가 있다.

또한 MMPI는 그것이 갖고 있는 566개의 문항을 이용하여 자아강도·의존성·지배성·공격성 등을 비롯한 300여 개의 성격 특성과 태도를 측정할 수 있는 하위척도가 개발되어 있다. 나아가 정상인을 대상으로 한 심리

상담, 인사선발, 법적 자문, 정신건강 관련 선별검사, 연구 등 여러 분야에서 광범위하게 활용되고 있다.

미국의 경우 MMPI는 전체 심리검사 중 웩슬러형(Wechsler) 지능검사 다음으로 가장 많이 사용되고 있으며, 일반 성향검사 중 가장 광범위하게 사용된다고 알려져 있다.

03 인성함양

지금까지의 학교교육은 인성교육을 소홀히 한 채 입시나 취업 위주의 교육으로 학생들 간의 경쟁만 조장하였고, 이로 인해 이기주의적이고 편협한 사고의 소유자를 양산하는 등 많은 문제를 나았다. 또한 최근 학교폭력문제가 사회문제화되는 등 심각해지면서 보다 근본적인 대책으로 인성교육의 필요성이 크게 대두되고 있다.

마음의 바탕을 교육한다는 것은 마음의 구성요소인 지·정·의를 교육하는 것이고, 사람 됨됨이를 교육한다는 것은 인간으로서 바람직하고 보편타당한 가치를 추구하며 그 가치를 완성할 수 있도록 교육하는 것이다. 따라서 인성은 지식이나 한시적인 행사로 길러지기 어렵다. 실천적인 인성활동으로 체험하고 습관화하는 것이 중요하다.

맹자의 가르침

유교 철학의 정수 『중용(中庸)』의 첫 구절은 "하늘이 인간에게 부여한 것이 곧 성(性)이요, 성에 따르는 것이 도(道)이며, 도를 수양하는 것이 교(敎)"이다. 삶의 철리(哲理)가 '성(性)'에서 비롯된다는 얘기이다.

인간의 본성은 '태어나면서부터 그렇게 되어진 것'이라고 규정하고 있다. 인간의 본성이 항상 선과 악이라는 윤리적인 범주와 관련되어 논의되었다. 중국 고대 철학에서 가장 활발했던 논쟁 가운데 하나이다. 그 대표적인 인물로는 맹자와 순자, 왕충, 고자, 동중서 등의 주장이 있다.

인간의 본성은 선하다는 성선설을 주장한 맹자와 그 반대로 인간의 본성은 악하다는 성악설을 주장한 순자, 왕충(王充)은 선한 본성을 기르면 그 선함이 자라고, 반면 악한 본성을 기르면 악함이 자라난다고 주장했다.

맹자(孟子)는 동(同)시대 사상가인 고자(告子)와의 논쟁을 통해 인간 본성을 네 가지 근본(四端)으로 압축했으니, 『맹자』 '공손축상(公孫丑上)'편은 이렇게 설명한다. "어려움에 빠진 사람을 측은해하는 마음(羞惡之心)으로 구해주는 게 곧 인(仁)이요, 자신의 불선(不善)을 부끄럽게 여기고 남의 불선을 미워할 줄 아는 마음(辭讓之心)이 의(義)이며, 남에게 양보할 줄 아는 마음이 예(禮)이고, 옳고 그름을 가리는 마음(是非之心)이 지(智)이다." 그 본성을 살려 현실 생활에 발현되도록 노력해야 한다는 게 맹자의 가르침이다.

1. 인성함양 방법

인성함양은 인성을 함양시키기 위한 교육을 말하는 것으로서 마음의 바탕을 교육하고 사람 됨됨이를 교육하는 것이다. 인성함양을 통해 결국 나 자신과 다른 존재들, 즉 세상 만물을 보살피고 아끼는 마음을 갖는 것이다.

대학생들에게 가정, 직장, 사회에서 건강하고 적응적인 예비 사회인으로 성장할 수 있도록 인성교육을 강화하는 것이 시급한 당면 과제이다. 실제로 인성교육의 효과를 높이기 위해 이론교육도 중요하지만 학생들이 실제로 자신의 인성을 찾고 실천해 나갈 수 있는 프로그램 운영도 중요하다.

따라서 인성의 이론은 물론 자기이해, 자기정서탐색, 선택과 책임, 가치관 명료화, 의사소통훈련 등의 내용을 통해 건강한 인성과 가치관을 지니고 자신의 행복한 삶과 성공적인 직장생활을 하도록 해야 한다. 인성함양 방법은 다음과 같다.

(1) 자신이 원하는 삶

세상에서 가장 행복한 삶은 자신의 생긴 모습 그대로 사는 것이다. 즉, 자신이 좋아하는 일을 하면서 사는 것이다. 더욱 바람직한 것은 잘할 수 있는 일과 좋아하는 일이 같다면 좋을 것이다. 그러나 그렇지 못하다면 잘할 수 있는 일을 통해 수익을 창출하고 그 수익을 다른 사람들과 나누는 삶을 산다면 그것이 진정한 행복한 삶이 아닌가 싶다.

인간은 통제와 몰입을 통해서 행복을 느낀다. 통제란 자신의 삶의 목표를 스스로 정하고 이를 이루어 나가는 과정이고, 몰입은 어떤 일에 집중할 때 즐거움과 만족을 느낀다는 것이다.

대부분 값진 인생을 산 사람들은 '수신제가치국평천하(修身齊家治國平天下)'를 근간으로 산 사람이다. 우주의 섭리와 자연의 이치를 깨닫고 자연에 순응하면서 도덕과 윤리를 행(行)하며 산 사람이다. 자신의 특성을 이해하고 올바른 가치관을 확립하여 보람 있고 인간다운 삶을 누릴 수 있도록 끊임없이 자신의 내면을 살피면서 살아가야 한다.

예를 들면, 미국의 농구황제 마이클 조던이 좋아하던 운동은 야구였다. 그러나 자신이 잘할 수 있는 농구를 선택하였고 'NBA 최고의 스타' 자리에 올랐다. 만약에 마이클 조던이 자신이 좋아했던 야구를 했더라면 결과는 어떻게 되었을까?

행복한 삶이란 오늘 살아 있음에 감사하고 내일이 존재한다고 믿고 나름대로 삶의 목표를 세우고 주도적으로 살아가는 삶일 것이다. 그것이 어렵다면 당장 내일 생(生)을 마감한다면 지금, 이 순간에 무엇을 할 것인가를 생각하면 의외로 쉽게 답을 찾을 수도 있다.

(2) 인간존중

행복한 삶, 성공적인 사회생활을 위해서는 물질적 가치에서 정신적 가치로의 패러다임 전환이 무엇보다 필요하다. 즉, 인간의 가치를 주된 관심사로 삼는 인본주의로의 회귀이다. 또한 인간의 끝없는 욕망을 조절하고 향락과 이기심을 절제하며, 다른 존재들과의 공존을 추구해야 한다.

자신을 스스로 존중하는 사람은 상대방도 쉽게 존중하게 된다. 왜냐하면 타인을 존중하지 않는 사람은 그 타인이 자신을 존중하지 않을 것을 알기 때문이다. 따라서 정의의 두 원칙은 인간의 상호 존중을 가져오게 된다. 많은 사람들은 다른 사람의 인생과 비교하면서 자신을 불행으로 계속 몰아간다. 그러나 행복한 삶을 위해서는 자신은 타인과 비교의 대상이 아닌 고귀한 존재이고 무한한 잠재능력을 갖고 있다는 것을 인식해야 한다.

그러기 위해서는 나는 누구인가?에 대한 질문에 스스로 답할 수 있어야 한다. 많은 사람들은 자신이 누구인지를 설명하지 못한다. 자아정체성, 자존감, 자기암시, 자아노출 등에 대한 내용은 제2장에서 상세히 다루었다.

(3) 자기 자신을 늘 성찰

좋은 토양에서는 곡식이 잘 자라고 나쁜 토양에서는 잘 자라지 않듯이, 넓고 넓은 바다도 작은 샘물이 모여서 되듯이 작음의 이치를 깨닫고 마음만은 바다처럼 깊고 넓고 평온하게 만들어야 된다. 이것은 욕심을 버리고 수양(修養)을 통해서만 가능하다.

행복이라는 것은 외부적 조건인 경제적인 수준, 사회적 지위 등도 중요하지만 결국에는 자신의 내면세계를 밝히는 마음 안에 있다. 따라서 늘 자신의 마음을 수양하여 욕심을 버리고 다른 사람과 더불어 살아가려는 마음가짐이 필요하다. 명상법, 바이오피드백(biofeed-back) 등의 수련방법을 통해 얼마든지 찾을 수 있다.

또한 늘 깨어있어야 한다. 깨어있는 관계를 통해서 자신과의 화해가 가능하다. 사람과의 조화로운 관계는 깨달음으로 가는 핵심이다. 성찰(省察)이란 자신을 되돌아보고 반성하는 것이다. 단순히 자신에 대한 이해가 아니라 자신이 무엇을 잘못하고 있진 않은지, 반성할 것은 없는지 되돌아보는 것이다. 즉, 자아성찰이란 스스로 자기(自己)가 누구인지를 살피고 마음을 정화하는 과정이다.

무엇보다 가장 중요한 것은 생각으로만 머무는 것이 아니라 생각의 틀을 깨거나 또는 마음으로 깨닫고 행(行)으로 옮기는 것이다.

(4) 자존감

자신은 사랑받을 만한 가치가 있는 소중한 존재이고 어떤 성과를 이루어 낼 만한 유능한 사람이라고 믿어라. 그리고 자존감을 갖고 당당하게 살아가자. '나는 할 수 있다.'는 자신의 능력에 대한 믿음과 자신을 사랑하는 마음을 갖자. 자신을 다른 사람과 비교하지 말고 내면의 에너지가 충만한 인간 그 자체로 만들어보자. 이를 높이기 위해서는 끊임없이 긍정적인 자기암시와 능력을 키워야 한다. 자존감을 키우는 방법으로는 나를 용서하기, 나를 격려하기, 긍정적으로 생각하기 등이 있다.

(5) 선택과 책임

실존주의[30]의 제1원칙은 주체성이고, 따라서 인간은 스스로의 선택에 대

30) 본질 탐구의 철학. 즉 합리주의 철학을 반대하고, 개개의 단독자인 현실적 인간, 즉 현실의 자각적 존재로서 실존(existence, existenz)의 구조를 인식·해명하려고 하는 철학사상

한 책임을 가지며 곧 그 선택은 모든 인류에 대한 책임을 가진다. 올바른 선택을 하기 위해서는 합리적 사고와 객관적 지각을 하는 것이 중요하다. 합리적 사고는 타당성과 논리성을 바탕으로 하며, 세상을 주관적인 지각이 아닌 객관적인 지각을 할 수 있도록 타인과의 교류를 통해 지속적으로 내면화해야 한다.

중용(中庸)

중용은 대학(大學), 논어(論語), 맹자(孟子)와 함께 사서(四書)로 불리고 있으며, 송학(宋學)의 중요한 교재이다.

중용이란 지나치거나 모자라지 아니하고 한쪽으로 치우치지도 아니한, 떳떳하며 변함이 없는 상태나 정도를 말한다. 여기서 '中'이란 어느 한쪽으로 치우치지 않는다는 것, '庸'이란 평상(平常)을 뜻한다. 인간의 본성은 천부적인 것이기 때문에 인간은 그 본성을 따르지 않으면 안 된다. 따라서 본성을 좇아 행동하는 것이 인간의 도(道)이며, 도를 닦기 위해서는 궁리(窮理)가 필요하다. 이 궁리를 교(敎)라고 한다. 중용은 요컨대 이 궁리를 연구한 책이다. 즉, 인간의 본성은 한마디로 말해서 성(誠)일진대, 사람은 어떻게 하여 이 성으로 돌아가는가를 규명한 책이라고도 할 수 있다. 역동성이 있어야 하고 당당해야 한다.

서양 철학에서는 아리스토텔레스의 덕론(德論)의 중심 개념으로 이성으로 욕망을 통제하고, 지견(智見)에 의하여 과대와 과소가 아닌 올바른 중간을 정하는 것이다.

(6) 긍정적 사고

인간은 어떤 상황에 직면하거나 어려움에 부딪쳤을 때 그것을 긍정적으로 생각하느냐 또는 부정적으로 생각하느냐에 따라 인간의 감정과 행동이 전혀 다를 수 있다. 예를 들면, 반 정도의 물이 들어 있는 컵을 바라볼 때 부정적인 마인드를 가진 사람은 "물이 반 밖에 없네."라고 생각하고, 긍정적인 마인드를 가진 사람은 "아직 물이 반이나 남았네."라고 생각한다. 자기 자신을 긍정적으로 바라보면 긍정적 자아가 되고, 부정적으로 바라보면 부정적 자아가 되는 것이다. 이러한 긍정적 사고는 어떤 상황에서도 비관하지 않고 꿋꿋이 나아가거나, 실패를 경험해도 그 실패에 좌절하지 않고 극복하여 행복한 삶을 산다.

또한 자아암시는 나의 무의식에 자신이 원하는 바를 주입하는 것이다. 즉 제3자가 아닌 내가 나를 이끌어가는 주체가 됨으로써 주도적으로 자신의 삶을 바꾸어가는 것이다.

(7) 더불어 함께 사는 삶

인간은 사회적 동물이므로 누구나 다른 사람과 어울려 살 수밖에 없다. 즉, 인간이 개인으로서 존재하고 있어도 그 개인이 유일적(唯一的)으로 존재하고 있는 것이 아니라 끊임없이 타인과의 관계 속에서 존재하고 있다. 따라서 타인과 마음을 나누고 베푸는 삶의 가치를 알아야 한다. 남에게 베푸는 삶이 참 행복이다.

■ 감사

어떤 대상이나 타인과의 관계 속에서 늘 고마움을 느끼고 표현하는 것이다. 믿음ㆍ소망ㆍ사랑 중에서 사랑이 최고라고 한다. 그런데 그 세 가지보다 더 효과가 큰 것이 바로 감사라고 한다. 감사 증진 방법은 안 좋았던 경험에서도 교훈을 찾는 연습과 하루 동안 일어났던 사건, 상황, 사람들로부터 느낀 감사함을 찾아서 감사일기를 써보는 것이다. 감사일기의 효과는 행복지수가 높아지고 심신의 건강과 인간관계에 도움이 된다.

■ 칭찬

칭찬은 고래도 춤추게 한다. 칭찬은 상대방의 마음을 열게 할 뿐만 아니라 행동의 변화도 이끌어낼 수 있다. 모두에게 긍정적인 효과를 미치는 원

동력이 된다. 칭찬에 인색하지 말아야 하고 칭찬을 하려면 진심을 담아 구체적으로 해야 한다.

■ 배려

조직에서 업무수행능력이 중요하긴 하지만 타인과 협력하고 배려하는 법을 배우는 것도 중요하다. 서로 경쟁하는 삶이 아니라 함께 배려하며 사는 삶이야말로 진정한 공존의 길이다. 배려는 거창한 것이 아니라 타인의 불편과 어려움을 조금이나마 생각해 보고 그 사람의 입장이 되어 그를 위해 내가 하는 행동들이 배려이다.

■ 사랑

사랑은 관계의 본질이며 행복의 근원이라고 할 수 있다. 우리 자신을 이루고 있는 가장 깊은 부분이며, 우리 안에 살면서 우리를 이어주는 에너지이다. 사랑은 내가 상대방을 원하는 모습으로 바꾸는 게 아니라 그 사람의 진정한 모습을 찾아주고 서로가 성장하는 것이다.

■ 봉사

국가나 사회 또는 남을 위하여 자신을 돌보지 아니하고 몸을 움직여 행동하는 것이다. 대학생들이 방학을 이용하여 농촌에 들어가 일을 거들면서 노동의 의미와 농민의 실정을 체험하는 봉사활동이 대표적이다.

또한 직접 남을 위해 봉사하거나 그것을 보기만 해도 인체에 면역기능이 크게 향상되는 마더 테레사 효과(The Mother Teresa Effect)를 체험할 수 있으며, 남을 돕는 봉사를 하면 거의 모든 경우 심리적 포만감인 'high'상태가 며칠 또는 몇 주 동안 지속된다고 한다. 의학적으로도 혈압과 콜레스테롤 수치가 현저하게 낮아지고 엔도르핀이 정상치의 3배 이상 분비되어 몸과 마음에 활력이 넘친다고 한다.

다양한 실습 현장을 통해 협동과 배려 같은 공동체의 가치를 배우는 것은 당연하다.

결론적으로 인성교육은 사회적으로 도덕적인 삶, 즉 인간다운 삶을 살아갈 수 있도록 교육하는 것으로서 공동생활의 기본원칙과 원리를 교육시키고 도덕적인 행위를 실천할 수 있도록 하는 것이다. 그리고 도덕적인 문제가 발생했을 경우 인간의 평등사상에 입각하여 자기 자신만의 이익뿐만 아니라 다른 사람들 이익도 똑같이 고려할 수 있는 공정한 정신을 심어줌으로써 더불어 조화롭게 살아가는 이해와 배려의 참된 길을 교육하는 것이다.

이러한 인성함양을 통해서 자신에게 맞는 진로설계나 인생을 설계한다면 행복은 이미 내 마음속에 다가와 있지 않을까?

기타 자세한 내용은 제1장 나의 삶, 제2장 자아이해, 제3장 개인차의 이해, 제4장 환경변화, 제5장 자기계발, 제7장 흥미 및 재능발견 등에서 상세히 다루었으므로 연계하여 학습하면 더욱 효과적이다.

2. 인성교육 실천덕목

인성교육은 자신의 내면을 바르고 건전하게 가꾸고 타인·공동체·자연과 더불어 살아가는 데 필요한 인간다운 성품과 역량을 기르는 것을 목적으로 한다. 인성교육의 덕목은 인성교육의 목표가 되는 것으로 예(禮), 효(孝), 정직, 책임, 존중, 배려, 소통, 협동 등의 마음가짐이나 사람됨과 관련되는 핵심적인 가치 또는 덕목을 말한다.

(1) 존 중

나는 고귀한 존재이며 어떤 일이든 해낼 수 있는 능력의 소유자임을 믿는 동시에 타인의 개성과 다양성을 인정하며 배려하는 마음을 갖는다.

(2) 예(禮)

나는 말투나 몸가짐에 있어서 선생님께는 공손한 태도를 지니며 친구들에게는 바른말을 사용하여 친절하게 대한다.

(3) 효(孝)

우리의 고유하면서도 자랑스러운 전통 중에 으뜸인 것이 효(孝) 문화이며 인류의 가장 으뜸 되는 덕목이다. 나는 부모를 공경하고, 부모의 마음을 편안하게 해 드린다.

(4) 소 통

인간은 사회적 동물이다. 나는 타인과의 소통을 위해 나의 마음과 생각을 전달하고 상대방의 마음을 사로잡을 수 있도록 진실한 태도로 이야기한다. 상대방의 메시지를 정확하게 이해하기 위해서는 경청이 중요하다.

(5) 공 정

나는 합리적인 사고를 바탕으로 편견 없이 상대방을 대하며, 양심에 한 점 부끄러움 없이 정직한 태도로 일을 추진한다.

(6) 도 전

나는 현실은 힘들더라도, 미래에 대한 희망을 가지고 끊임없이 노력한다.

(7) 끈 기

나는 목표를 세우고 그 목표를 수행하는 과정에서 어떠한 역경을 만나더라도 이를 극복하기 위해 최선을 다한다.

(8) 책 임

나는 나의 행동에 대해 책임을 지며, 나와 타인과의 약속을 지키기 위해 노력한다.

(9) 협 동

나는 친구들과 서로 도우며, 과업을 해결하는 태도를 지닌다. 서로 상생 (win-win)할 수 있도록 선의의 경쟁을 한다.

(10) 자 주

나는 내가 해야 할 일을 스스로 찾아서 목표를 세우고 이를 실천한다.

(11) 성 실

나는 말과 행동에 일관성이 있으며, 성실하고 강한 책임감으로 타인에게 믿음을 주는 사람이 되려고 노력한다.

(12) 정 직

나는 마음에 거짓이나 꾸밈이 없이 바르고 곧게 생활한다.

(13) 질 서

나는 모든 일이 혼란 없이 순조롭게 이루어지도록 규칙과 질서를 잘 지키며, 바른생활습관 정착을 위해 노력한다.

3. 실전응용

국민일보(2016)에 따르면 신발용 밑창, 합성피혁용 폴리우레탄을 만들어 온 동성화학은 5년 전부터 채용과정에서 필기시험을 아예 없앴다. 면접을 통해 지원자의 인성과 업무능력, 열정을 충분히 파악할 수 있다고 판단했기 때문이다. 동성화학 관계자는 11일 "요즘 중소기업의 채용 추세는 필기를 없애는 것"이라며 "필기시험을 치른다고 좋은 인재가 들어오는 것은 아니더라."고 전했다.

지난해 채용과정에서 필기시험을 치른 중소기업은 10곳 중 1곳도 채 안됐다. 한국경영자총협회(경총)가 지난해 상반기 중소기업 284개를 대상으로 실시한 '신입사원 채용 실태조사'에 따르면 필기전형을 실시하는 중소기업은 고작 8.2%였다. 2013년(9.5%)보다도 줄어든 수치이다. 반면 지원자를 '면대면'으로 평가하는 면접을 선호하는 기업은 늘어났다. 조사대상 기업의 99.4%는 면접을 시행 중이라고 답했다. 실무면접과 임원면접 등 면접을 두 번에 걸쳐 시행하는 중소기업은 2년 사이 12.4% 증가해 53.8%였다. 채용과정에서 가장 중요한 전형으로 면접을 꼽은 기업도 59.4%에서 65.2%로 늘어났다.

매출액 200억원을 바라보고 있는 반도체 장비업체 비전세미콘 측은 "중소기업 지원자들의 능력은 비슷한 수준이기 때문에 필기시험이 무의미하다."며 "실무면접을 통해 먼저 업무능력을 판단하고 인성을 본다."고 전했다.

혈액순환 개선제 '타나민'으로 유명한 의약품 제조업체 유유제약도 5년 전부터 채용과정에서 필기시험을 없앴다. 대신 면접을 통해 단정한 용모, 고객과의 커뮤니케이션 능력을 갖춘 지원자를 뽑고 있다. 유유제약 관계자는 "학습된 것을 평가하는 필기시험 대신 (면접에서) 상황을 가정하고 어떻게 대처하는지를 보면서 업무능력을 평가한다."며 "75년 동안 40기가 넘는 신입사원을 뽑아 보니 실무능력을 가늠할 수 있는 면접이 더 낫다는 내부 의견이 많아 필기전형을 없앴다."고 말했다.

중소기업에서는 서류전형의 '스펙'도 거의 중요하지 않다. 경총 조사에서 '스펙이 채용과 무관하다.'는 기업이 26.6%, '스펙은 최소한의 지원적격 여부 판단'이라는 기업은 67.1%였다. 조사에 따르면 중소기업의 경우 평균 100명이 지원하면 80명이 서류전형에서 통과한다. 대기업이 서류전형에서 절반 가량을 떨어뜨리는 것과 대조적이다.

지난해 하반기 75대 1의 입사 경쟁률을 기록한 보일러·냉난방기 제조·판매업체 경동나비엔은 서류전형에서 지원자의 학벌이나 학점보다 회사의 인재상에 부합한 역량과 경험을 갖췄는지만 살폈다. 경동나비엔은 필기시험은 치르지 않고 서류전형을 통과한 지원자 전원을 상대로 면접을 진행한 뒤 최종 합격자를 선발했다.

정대용 숭실대 벤처중소기업학과 교수는 "중소기업 인력의 이직률이 높아지면서 기업들이 굳이 시간과 돈을 들여가며 필기시험을 치르지 않는 추세"라며 "지원자의 능력이 비슷한 상황에서 면접을 통해 좀 더 오래 일할 사람을 가려 채용하고 싶은 것"이라고 설명했다.

한편 아시아뉴스통신(2016)에 따르면 취업 시즌을 앞두고 대학생의 인성을 위한 명상 프로그램이 주목받고 있다.

성실성, 책임감, 자기이해 등 '인성'은 기업체 인사담당자들이 꼽는 취업의 최고의 스펙. 자신을 돌아보고 미래를 준비하는 명상 프로그램의 중요성이 크게 부각되고 있는 가운데, 인성교육 전문기관 전인교육센터가 마음수련동아리연합회와 함께 진행하는 대학생 새마음캠프가 2016년 상반기 일정을 공개해 관심을 끌고 있다.

2월 13일부터 매달 한 차례씩 진행되는 새마음캠프는 1박2일 동안 자기 돌아보기 명상을 통해 삶을 되돌아보고 과학적인 마음빼기를 체험하는 명상 프로그램. 2월 13~14일, 3월 26~27일, 4월 30~5월 1일, 5월 14~15일, 6월 4~5일로 상반기 일정이 이어진다.

새마음캠프는 국내에서는 처음 시도되는 대학생을 위한 주말 명상캠프

로, 자기계발 등 각 분야 전문가들이 인생 선배로서 함께 하는 전문적인 멘토링시스템, 갤러리워크, 힐링타임 등 알차게 구성되어 있다.

첫 날은 자기돌아보기를 집중적으로 진행한다. 자신 있는 대학생활을 위한 멘탈강화법으로 마음 알기, 마음과 마음수련 원리와 작용, 마음을 버리는 이유와 마음수련 마음빼기 연습 외에, 자기돌아보기를 위한 특강 '나는 왜 이렇게 사는 거야(why)?', '마음이 바뀌어야 인생이 바뀐다.'와 지치고 힘든 마음 버리기가 진행된다.

둘째 날은 마음빼기 중심으로 진행되며, 특강 '인생의 해답 찾기'와 잘 안 버려지는 마음 집중 버리기, 초청강연 '마음을 비우면 미래가 달라진다.' 등이 이어진다.

참가 대학생들의 반응도 폭발적이다. 진로 고민 때문에 참가했던 정진수 군은 "1박 2일이라는 짧은 시간 동안 마음이 이렇게 바뀔 줄은 몰랐다."고 놀라워했다. 참가자들은 특히 대학생활은 물론, 자아와 진로, 취업 등의 고민들에 대해 나아갈 방향을 정립할 수 있다는 것을 가장 큰 장점으로 꼽는다.

주말캠프인 새마음캠프와 함께, 방학마다 열리는 국내 최대의 대학생 명상캠프인 마음수련 대학생캠프도 매 기수마다 그 열기가 뜨겁다.

지난 12월 26일부터 1월 2일까지 일주일간 열린 마음수련 대학생캠프에는 1백여 명의 대학생이 참가했다. '지난 나를 알고 더 크게 도약하자 - 명상, 나를 바꾸는 힘'을 주제로 7박 8일간 진행된 캠프는 대학생활의 터닝포인트가 될 성찰과 명상에 집중되었다.

캠프 운영담당자는 "참가대학생들은 성격, 미래 진로, 자아성찰, 대인관계 등의 고민을 해결하고 싶어한다."며, 특히 "자신을 잘 모르고, 하고 싶은 것을 모르며, 어떻게 살아야 할지를 모르고 방황한다."고 밝힌다. 미래가 불안한 이유도 자아와 삶에 대한 정립이 돼있지 않기 때문이라는 것. 결국은 나를 바꾸고 변화시키는 것이 가장 중요하다고 강조한다.

상기 기사들을 정리해보면 최근 기업이 원하는 인재상은 직무적합도, 문

제해결능력 그리고 인성을 갖춘 자를 원하고 있다. 이런 현상은 실질적인 인성함양을 위한 프로그램 활동이 활발하게 이루어지는 것을 반증해주고 있다.

첫째, 해당 직무를 가장 잘 수행할 수 있는 자격과 능력을 갖춘 사람, 즉 전문지식과 SPEC^(직무에 필요한 자격) 그리고 해당 분야에 다양한 경험이 있는 사람을 원한다.

둘째, 문제해결능력이 탁월한 사람, 즉 기업 간 경쟁이 날이 갈수록 치열해 지고 그 과정에서 수많은 문제가 발생되는데, 이를 창의적인 방법으로 해결할 능력을 갖춘 사람을 원한다.

셋째, 인성을 갖춘 사람, 즉 성품이 온화하고 반듯하여 타인을 잘 이해하고 협력하면서 조직에 잘 적응하는 사람을 원한다. 인성이 좋은 사람은 늘 열려 있기 때문에 새로운 정보를 받아들이는 마음의 여유와 새로운 아이디어 창출도 가능하며 따뜻한 감성을 지녀 행복지수도 높다.

기업에서 인성교육 해야

서울대 사회교육과 조영달 교수는 국회입법조사처(처장 임성호)가 25일 국회입법조사처 대회의실에서 '기업의 사회적 책임과 인성'이라는 주제로 개최한 제7회 인성 세미나에서 이같은 주장을 했다.

조 교수는 "한국 경제사회 공간의 기업 책임과 인성 : '인격적 자본주의'의 제안" 이라는 주제로 발제를 하며 시대와 장소에 따라 규정되어지는 기업공간에서 기업가(경영자)의 인격성을 중심으로 기업의 책임, 인성, 그리고 기업가정신을 논의했다.

조 교수는 "기업공간의 인격성의 인식과 파악은 개별 기업가(경영자)가 행하는 경제사회 내의 행동에 의해 드러나며, 인격성은 '나-타자'의 관계성 속에서 존재하게 된다고 볼 수 있다."며 "이러한 시각에서 사적·경제적 이익 추구를 넘어 타자 윤리적 관점을 포함하는 '이성적 이익' 추구, 자기성찰과 절제, 배려와 포용, 정의감과 용기, 거경궁리(居敬窮理)의 실천 등의 기업가의 윤리적 품성을 강조할 필요가 있다."고 지적했다.

그는 또 외부환경의 변화에 경제사회를 둘러싼 기업공간의 구성원들, 즉 타기업, 근로자, 소비자, 사회조직 등과 상호작용하여 패러다임을 공유하고 생산지식을 창출하고 불확실성을 축소하는 것을 기업가정신이라 할 수 있으며, 따라서 기업공간에서 올바른 행동윤리를 갖춘 인격적 자본주의를 제안하고 기업공간(경제공간)의 인격성 제고를 위한 '기업가 교육'이나 '기업 인성교육'이 필요하다고 주장했다.

토론자로 참가한 정태인 칼폴라니 사회경제연구소 소장은 "경제위기는 소득 양극화와 사회적 배제를 초래하고, 이는 종종 사회정치적 위기로 발전하게 되고, 또한 불평등의 심화와 함께 화석연료에 의존하는 체제는 인류 전체의 생존 자체를 위협하는 생태 위기를 초래한다"며 "이러한 이중의 위기를 맞아 타인을 고려한 선호와 불공정에 물리적 손해에도 불구하고 응징하는 상호성에 의해 경제의 협동을 창출하는 '다원적 경제'에 주목할 필요가 있다."고 말했다.

그는 또한 폴라니(Karl Polanyi)의 정신에 따라 비주류경제학을 종합한 조작 가능한 실천경제학에 입각하여 기업은 생태투자(재생가능 에너지, 스마트 그리드), 교육과 보건에 대한 투자, 일자리 나누기 등의 대응방안을 모색할 필요가 있는 시점이라고 강조했다.

윤석만 중앙일보 기자는 "기업이 사회적 역할을 다하기 위해선 기업 혼자만의 노력으론 힘들기 때문에 기업시민이 잘 자랄 수 있는 제도적 토양과 문화가 뒷받침돼야 한다."고 지적했다.

윤 기자는 "이를 위해서는 우선 기업이 공개하는 연차보고서에 사회공헌 내용을 담을 수 있도록 하며, 국부펀드는 사회적 책임을 다하고 윤리적 성과를 내는 기업들에 투자하는 것을 고려할 수 있다."고 설명했다. 윤 기자는 또 현행 공익재단의 기업 지분 소유를 5%로 제한하는 것을 완화하고 '사회적 기업육성법'에 따른 지원대상 기준을 기업 규모에 적합한 수준으로 조정하며 사회공헌 현황이 기업 평가에 도움이 되도록 객관적 지표를 만드는 것이 바람직하다고 덧붙였다.

김봉주 국회입법조사처 산업자원팀 팀장은 "대기업은 성격상 소유의 대상이 아니라 국가와 유사한 하나의 공공적 사회제도이며 그 활동에 영향을 받는 모든 사회의 구성원들의 이해에 종속되어야 하고 이를 위해, 기업공간(경제공간)의 인격성 제고를 한 '기업가 교육'이나 '기업 인성교육'이 필요하다."고 강조했다.

그는 이와 더불어 인성과 자격을 갖춘 신진 인력이 전문 경영인으로 진출할 수 있는 기회를 확대하고 전문 경영인들에게 실질적 권한을 주는 것도 필요하고, 기업이 사회적 책임을 다하며 기업가정신을 발휘하도록 이사회가 경영진을 감독·통제하려면 전문성을 갖춘 이사회 임원을 임용해야 하며, 최고경영진과 함께 이사회 임원의 기업에 대한 경제, 사회적 책임을 강화하는 법·제도적 개선도 요구된다고 말했다.

이번 세미나는 기업의 사회적 책임 활동과 기업가정신의 제고를 위한 인성의 역할에 대해 창의적이고 실질적인 의견을 나눠보고자 기획되었다.

출처 : npns+koreanspirit@naver.com, 2015.

"인성검사 일관된 답변 어렵지?" 취준생 '불안'파고든 최면교육

강남권 '최면교육센터'컨설팅 직접 체험해 보니 "요즘 대기업 채용 과정에서 인성검사가 관건이다. 예상 외로 인성검사에서 꽤 걸러낸다. 질문지가 많은데 같은 요지의 질문을 다르게 물었을 때 일관되게 답변을 못하면 진실성이 없다고 판정된다. 그래서 취업준비생 사이에서 인성검사 대비 최면교육이 인기다. 최면을 통해 일관성 있는 가상의 자아를 만들겠다는 것이다."

한 국내 대기업 채용 담당자의 말이다. 실제로 일부 취업준비생들 사이에서는 대기업 인성검사에 대비한 최면교육이 유행이다.

최근 대기업은 채용 과정에서 학력·외국어 실력 등은 물론 자사에 적합한 인성을 요구하는 추세이다. 시중엔 인성검사에 대비하는 강좌와 교재들이 쏟아지고 있다. 그래서 '인성취업시대'라는 말까지 나왔다.

　　대기업 입사라는 좁은 관문을 통과하려는 취업준비생들을 위한 '인성최면교육'은 어떤 것일까.

　　경향신문은 서울 시내 최면교육센터들의 홈페이지·블로그 등을 살펴본 결과 대부분 인성검사와 관련한 상담을 해주고 있었다. 지난 18일 취업준비생을 가장해 서울 강남권 최면교육센터 두 곳을 직접 찾았다.

　　"대기업 인·적성 시험지가 과학적으로 구성돼 있기 때문에 일관성은 중요한 요소가 됩니다. 답변이 일관되지 않으면 거짓된 정보를 적었다고 판단할 수밖에 없죠. 최면치료를 통해 본인의 가치관, 세계관 등 사고체계를 완전히 변화시켜 일관성을 부여할 수 있습니다." ㄱ센터 상담사는 최면을 통한 인성 개조를 역설했다.

　　이 센터들에선 소극적이거나 내성적인 성격, 미래에 대한 불안감을 취업에 대비해 개선해야 할 인성으로 꼽았다. 최면치료로써 이를 극복하고 자신감을 불어넣는 게 가능하다고 주장했다. ㄴ센터 상담사는 "무의식 속에 트라우마가 있기 때문에 이를 최면상태에서 찾아내 끊어낼 수 있다."고 말했다.

　　두 센터 모두 취업상담을 많이 해봤다고 했다. ㄱ센터 상담사는 "취업준비생들이 정말 많이 찾아온다."며 "서울대생들과 고시준비생들도 많이 상담해봤다."고 말했다. ㄴ센터 상담사는 "보통 찾아오는 사람들을 보면 떨어질 수밖에 없겠다는 생각이 든다."며 "의기소침한 분위기가 느껴진다."고 전했다.

　　그들은 유능한 취업 컨설턴트처럼 행세했다. ㄱ센터 상담사는 "한국경제가 성숙기에 접어들면서 기업에서 과거와 다른 유형의 인재를 필요로 하는데 그중 하나가 바로 적극적인 사람"이라고 말했다.

　　그는 '자율신경', '부교감신경'등 전문 의학용어를 언급하며 최면으로 적극적인 성격을 만드는 방법을 설명했다. 성공한 최고경영자(CEO)와 정치인에게는 공통적인 신경학적 특성이 있다고도 했다. 물론 과학상식엔 어긋나는 주장이다.

　　ㄴ센터 상담사는 표정과 헤어스타일 등 외모부터 자기소개서 작성법까지 세세하게 설명하면서 '가짜 이력서'를 쓰라고 부추겼다. 그는 "동아리 활동이나 배낭여행 경험이 없더라도 일단 꾸며서라도 쓰는 게 좋다."고 말했다. 그는 기자에게 적극적인 성격을 형성시켜주겠다며 최면을 시도했지만 걸리지 않았다. 인성취업시대, 인성자본시대가 낳은 씁쓸한 경험이었다.

출처 : 경향신문, 2016.

결론적으로 인성함양은 하루아침에 되는 것이 아니다. 끊임없이 자신의 내면을 살피고 하루의 일과를 반성하고 성찰하는 습관을 가져야 한다. 그래야만 자존감도 높아지고 어떤 역경이나 좌절에도 굴복하지 않고 당당한 삶을 살아갈 수 있다.

또한 학생들은 기업이 원하는 인재상의 의미를 정확하게 이해하여 이를 충족시키기 위한 필요조건을 파악한 후 철저히 실행해야 한다. 아무리 훌륭한 목표를 세웠다 하더라도 자신이 부단히 노력하지 않으면 이룰 수 있는 것은 별로 없다. 모든 취업준비와 역량은 자신이 수행할 직무와 인성함양에 초점을 맞춰 준비한다면 좀 더 많은 기회를 잡을 수 있을 것이다.

Self-examination & Future plans

(전공 :   학번 :   성명 :   )

1. 자신의 인성에 대해 생각해 본다. 자신의 내면을 살펴 구체적으로 작성한다.

2. 인성교육 실천덕목을 정리해 보자.

PART

O2

진로 설계

Chapter 07

흥미 및
재능 발견

이 장에서는 흥미와 재능에 대해 학습한다. 흥미와 재능은 진로선택의 직접
적인 요인은 아니지만 동기를 주는 요인으로써 중요한 역할을 한다. 어떤
일을 수행하기 위해서는 능력도 중요하지만, 그것을 좋아하고 즐기는 마음
이 있어야 그 일을 지속적으로 할 수 있다. 즉, 자신이 잘할 수 있고 즐겁게
할 수 있는 일을 스스로 찾아서 할 때 큰 성과를 이루고 행복한 삶을 살 수
있다.

Key Word : 꿈, 흥미, 재능, 적성, 내면, 내적 동기, 외적 동기, 인간의 심
리 · 행동

01 ▷ 꿈 찾기

　대부분 어린 시절의 꿈은 대통령, 의사, 판사, 장군, 경찰관, 소방관, 간호
사였을 것이다. 대개 이러한 꿈은 자라면서 학습이나 환경의 영향을 받아
현실적인 꿈으로 변하거나 작아지게 된다.

　그러나 어린 시절의 꿈을 다시 찾아보자. 현실에서 여러 제약조건 때문
에 마음속에 묻어 두었던 어린 시절의 꿈을 자신의 내면을 성찰하고, 과거
로 돌아가 추억을 회상하거나 사진, 일기장 등의 단서를 통해 찾아보자. 그
래서 어린 시절의 꿈과 현재의 꿈이 변했다면 그 꿈이 언제, 무엇 때문에 변
했는지 사건이나 상황을 정리해보자. 그러면 자신의 진정한 꿈을 다시 찾게
될 것이다.

02 흥미

31) 몰입 : 무언가에 흠뻑 빠져 심취해 있는 무아지경의 상태. 강렬한 주의 집중. 행위와 인식의 융합. 통제감. "칙센트미하이"심리학 교수에 따르면 몰입은 주위의 모든 잡념, 방해물을 차단하고 자신이 원하는 어느 한 곳에 모든 정신을 집중하는 것이다. 이때의 느낌은 "물 흐르는 것처럼 편안한 느낌", "하늘을 날아가는 자유로운 느낌" 이라고 했다.

흥미는 일반적으로 어떤 현상이나 대상에 대해서 좋아하거나 싫어하거나 또는 관심을 갖거나 무관심한 것과 같은 경향을 말한다. 인간은 누구나 자기가 좋아하거나 관심 있는 일에 더 많이 몰입[31)]하고 시간과 노력을 기울인다. 그 결과 보다 만족스러운 결과를 얻게 되면(보상) 그것이 강화되어 자신이 좋아하는 일을 더 잘 하게 된다. 대부분의 사람들은 자신이 좋아하는 것을 직업으로 갖기를 원한다. 따라서 흥미는 진로선택에 있어서 가장 중요하게 고려되는 요소 중의 하나이다.

이와 관련된 연구에서도 자신이 하고 있는 일에 재미를 느끼는 사람일수록 직업에 대한 만족도가 높다고 한다. 그러나 대학교 졸업자 중 자신의 전공과 맞지 않는 일에 종사하는 사람이 의외로 많다는 것은 지금까지 우리가 해왔던 진로선택에 대해 시사하는 바가 크다.

흥미의 발달과정을 살펴보면, 유아기에는 경제적·활동적·권력적인 흥미가 왕성하지만 이러한 흥미는 초등학교에 입학하면 점차 감퇴된다. 청년기에는 종교적·사회적·이론적 흥미가 늘어나는데, 특히 아름다움을 찾는 심미적 흥미는 청년기에 가장 강하게 나타난다. 따라서 이 시기에 멋을 부리거나 예체능에 관심이 많은 것이다.

흥미는 목표에 대한 동기로 작용하여 능률 향상에 직접 영향을 미치기 때문에 흥미가 없으면 학습동기가 거의 일어나지 않는다. 즉, 어떤 일에 흥미를 갖는 것은 그 일을 수행하는 데 가장 중요하게 작용하는 동기이다. 따라서 자신의 흥미를 파악하여 진로선택이나 직업선택시 유용하게 활용해야 한다.

　그러나 어떤 일이나 학습을 할 때 반드시 처음부터 흥미가 있어야 하는 것은 아니며, 처음에는 흥미가 없는 일이라도 수행하는 과정 중에 생기기도 한다. 학습내용의 가치를 발견한다는 점에서 학습 중에 흥미가 증진되도록 하는 것 또한 바람직한 교육이다.

　현실적으로 자신의 흥미를 발견하지 못했다면 자기 내면을 살필 자신만의 시간을 갖는 것이 필요하다. 그리고 흥미를 발견하기 위해 첫 발걸음을 내딛고 다양한 경험을 통해 흥미를 찾으려고 시도해야 한다. 모든 것에는 때가 있지만 그렇다고 서두를 필요는 없다. 지금 당장 중요한 선택이나 결정을 하기 보다는 자신의 진로탐색에 초점을 두고 새로운 경험을 통해 자신의 선호를 알아가는 것이 바람직하다.

03 재능

　재능이란 어떤 일을 하는 데 필요한 재주와 능력을 뜻한다. 이는 개인이 타고난 능력과 훈련에 의하여 획득된 능력을 포함하는 개념이다.

　인간은 누구나 타고난 저마다의 소질이 있다. 즉, 인간은 누구나 개인차(성향. 지능)가 있기 때문에 누구는 어떤 분야에 재능이 있고 또 다른 사람은 다른 분야에 소질이 있는 것이다. 우리는 하늘이 각자에게 준 그것을 발견하지 못하고 전혀 다른 일을 하면서 살아가는 사람들이 많다. 그러니까 삶이 힘들고 불행한지도 모른다.

　예를 들면, 우리가 흔히 말하는 길치, 음치, 몸치, 기계치 등이 있다. 그런데 자기가 음치인지 모르는 경우도 있지만, 대부분의 사람들은 자기 스스로 못한다고 생각하기 때문에 못하는 것인지도 모른다. 어찌됐든 안타까운 일이다. 같은 시간과 노력을 투입하여 그 분야에서 성공하기 위해서는 저마다 가지고 있는 재능을 발견하는 것이 무엇보다 중요하다.

　따라서 자신의 진로를 결정하기 전에 반드시 적성검사와 성향검사를 하는 것이 좋다. 첫발을 어디로(방향) 내딛느냐는 무척 중요하다. 왜냐하면 자신이 선택한 길에 따라 그 분야에서 평생 종사할 가능성이 있기 때문이다.

04 적성

1. 적성의 개념

적성이란 어떤 일에 알맞은 성질이나 적응능력을 말한다. 적성도 개인차가 존재하므로 남다른 소질이 무엇인지를 발견하여 그것을 계발시켜 나가는 것이 필요하다.

따라서 자신의 진로를 결정할 때에는 자신의 직업적성이 무엇인지를 파악하여 직업을 선택하는 것이 바람직하다. 적성은 타고나는 측면도 있지만, 타고난 적성을 익히고 훈련시킴으로써 더욱 좋은 결과를 얻을 수 있다.

한편 지능은 일반적이고 포괄적인 능력의 가능성을 지칭하는 반면, 적성은 구체적인 특정 활동이나 작업에 대한 미래의 성공 가능성에 주안점을 둔다. 따라서 학력이나 성취도까지도 넓은 의미의 적성에 포함된다.

예를 들면, 삼성그룹은 2015년부터 직무적합성평가를 통과해야 삼성직무적성검사(SSAT)를 볼 수 있게 하였다. 이는 자신의 적성에 맞는 직업을 선택했을 때 선택한 직업에서 최고의 능력을 발휘할 수 있기 때문이다. 그것은 종업원의 업무효율을 증대시킬 뿐만 아니라 직무만족도 높아질 것으로 기대할 수 있다. 당연히 기업의 수익성 제고에도 긍정적인 영향을 미칠 것이다.

2. 적성검사

개인의 적성을 검사하여 개인차를 밝히는 데 사용되는 검사를 적성검사라 하는데 일반검사와 특수검사로 나눈다. 일반적성검사는 각 적성요인을

총괄적으로 측정하여 어떤 직무에 적합한가를 알아보는 방법이다. 반면 특수적성검사는 적성요인을 분리해서 개인이 어떤 특정 직무를 수행하는 데 필요한 능력을 갖추고 있는지를 측정한다.

즉, 일반적인 적성검사는 주로 학업적성검사, 직업적성검사이다. 반면 특수적성검사는 미술, 음악, 기계 같은 재능을 독립적으로 검사한다. 주로 측정하는 요소는 수리적 능력, 기계적 능력, 언어 능력, 공간인식 능력 등을 측정한다. 이는 지능검사의 경우와 거의 같으나 그 측정대상이 지능검사의 범위보다 한정적이고 전문적이다.

한편 직업적성검사는 개인의 적성·기질과 특정 직종·직업에서 직무수행에 요구되는 활동 간의 관계를 밝혀, 개인의 진로개발이나 구직활동에 유용한 직업정보를 제공한다. 대표적인 직업적성검사로는 홀랜드(Holland) 직업적성검사가 있고, 그 이외에도 일반적성검사(GATB), 차별적성검사(DAT), 산업적성검사(FIT), 고용적성조사(EAS) 등이 있다.

직업적성검사는 개인이 특정한 직업을 효과적으로 수행하는 데 필요한 지식, 기술, 태도, 성격 등의 조건을 갖추고 있는지를 측정한다. 주로 개인의 직업 방향을 탐색하거나 일정한 직업·직무를 중심으로 여기에 적합한 사람을 채용·배치하기 위한 경우에 사용된다. 일정한 능력을 가진 자가 할 수 있는 직업은 무수히 많이 존재하기 때문에 직업적성검사를 통하여 개인이 보다 잘 수행할 수 있는 직업군을 정할 수 있다. 그러나 직업의 선택은 직업적성검사 뿐만 아니라 개인의 의지, 환경, 사회적 조건도 함께 고려하여야 한다.

특히 각종 적성검사가 개인의 모든 것(흥미·성향·재능·적성·능력)을 대변해주는 것은 아니다. 따라서 자신의 진로를 선택할 때 이러한 분석자료를 너무 맹신하거나 불신하는 것은 바람직하지 않다. 다만, 자기 자신을 객관적으로 이해하고 어떤 특성을 지녔는지를 살펴 진로 방향을 설정한다든지 직종·직업을 선택하는 데 참고자료로 활용하는 것이 좋다.

최근에 기업들은 직무수행에 적합한 인재를 채용하기 위해 인성검사, 적성직무능력검사를 실시하고 있다. 이 검사를 통과하지 못하면 면접의 기회조차 얻지 못해 탈락하는 경우가 대부분이다. 따라서 적성검사에 대해 관심을 가지고 준비하는 것이 필요하다.

나에게 맞는 직업은 무엇일까? 내가 가장 잘 할 수 있는 일(직무)은 무엇일까? 홀랜드의 직업적성검사는 나의 전문지식, 기술, 태도, 성격 등을 파악하여 가장 적합한 직업군을 찾는 데 도움을 줄 것이다.

(1) 홀랜드(Holland) 모형

홀랜드 적성검사는 진로를 정할 때 가장 우선적으로 하는 적성검사이다. 이는 "홀랜드 이론"을 바탕으로 실재형(R), 탐구형(I), 예술형(A), 사회형(S), 기업형(E), 관습형(C), 즉 6가지 직업적 성격유형을 측정한다. 이는 대학생들의 진로, 전공학과 진학, 취업준비 등을 위한 기초자료로 널리 활용되고 있다.

홀랜드 모형은 다음과 같은 5가지 개념들이 개인이 진로선택 후 어떤 적응 결과를 나타내는지를 예측하는 데 아주 유용하다.

첫째, 육각형 모형에서 근접한 유형들이 유사성이 더 높을 것으로 예측한다.

둘째, 개인과 직업환경이 얼마나 일치하는가를 측정한다. 개인과 직업환경이 일치하면 할수록 직무만족도가 높아질 수 있다.

셋째, 싫어하는 것과 좋아하는 것의 차이의 정도를 측정한다. 호불호의 차이가 분명할수록 변별성이 있다고 본다.

넷째, 육각형 모형에서 서로 인접한 유형들이 더 많은 공통점을 가지고 있을 것이다. 예를 들면, 육각형에서 서로 인접한 예술형과 탐구형이 상대적으로 떨어져 있는 예술형과 관습형보다 흥미의 일관성이 있다고 본다.

다섯째, 흥미, 재능, 자아정체감, 목표 등이 얼마나 안정되어 있는가를 측정한다.

예를 들면, 자신이 어떤 일에 흥미를 갖고 있는데 그 일을 수행하기에 적합한 직업환경에서 일을 한다면(일치성), 흥미의 호불호가 분명하고(변별성), 일관되고 자아정체감이 안정되어 있기 때문에 직무만족이 더 높을 것이다.

결론적으로 개인과 직업환경은 상호작용 관계이므로 2요인이 서로 잘 맞아야 직장생활을 잘할 수 있다.

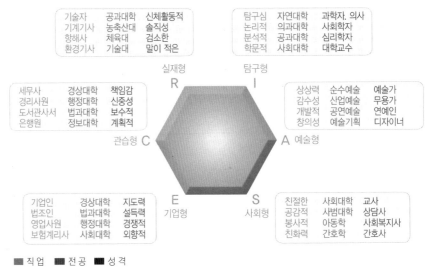

▲ 홀랜드 모형

🌱 유형별 성격 특성

구 분		R(실제형)	I(탐구형)	A(예술형)	S(사회형)	E(진취형)	C(사무형)
성격 특성		실제형은 체계적이고 질서정연한 것을 좋아하며, 자연이나 옥외에서의 활동을 좋아한다.	탐구형은 과학적이며 탐구적인 성향이 강하다. 새로운 사실이나 자료를 분석하고 해석하는 것을 좋아한다.	예술형은 심미적인 측면에 가치를 두며 자기표현에 대한 욕구가 강하다.	사회형은 사람들과 함께 일하는 것을 좋아한다. 또한 새로운 사람들과의 감정교류·인간관계 등을 좋아한다.	진취형은 조직의 목표달성과 성공을 위해 다른 사람들과 함께 일하고 이들을 이끄는 것을 좋아한다. 또한 금전적 측면과 대인관계 측면에서 모험을 시도하기를 좋아하고 경쟁적인 활동에 참여하기를 좋아한다.	사무형은 자료의 조직화가 필요하거나 세밀하고 정확한 주의가 요구되는 활동을 좋아한다.
적합한 직업		기계기사, 건축기사, 군인, 경찰, 소방관, 농부, 운동선수, 운전기사	물리학자, 통계학자, 시장조사분석가, 대학교수, 컴퓨터프로그래머	배우, 음악가, 시인, 광고기획자, 예술가, 미술교사, 의상디자이너, 사진작가, 일러스트레이터, 미용사	상담가, 간호사, 교사, 성직자, 사회복지사, 물리치료사, 사회사업가	Ceo, 정치가, 변호사, 영업사원, 호텔매니저, 언론인, 여행사 직원, 레스토랑 매니저, 컴퓨터 판매인	회계사, 신용관리사, 경리사원, 보험계리사, 은행원

(2) 일반적성검사(GATB)

일반직업적성검사는 각 개인의 적성을 검사하여 광범위한 직업군 중에서 어느 직업에 적합한지를 판단하는 것이다. 즉, 수많은 직업의 직무수행에서 요구되는 심리학적 특성을 분석하여 개인의 적성에 적합한 직업정보를 제공하는 검사이다.

GATB 검사의 경우 인지요인(어휘력, 수리력, 일반학습능력)과 지각요인(공간지각, 형태지각, 사물지각), 정신운동(운동협응, 손가락 민첩성, 수완능력, 운동속도)을 측정한다.

GATB 검사의 특징은 첫째, 미국을 중심으로 세계적으로 널리 사용되는 표준화된 적성검사도구이다. 둘째, 7개의 지필검사와 2개의 수행검사로 구성된다. 셋째, 위의 지필검사와 수행검사를 통해 9개 영역의 적성을 15개의 하위검사로 측정한다.

🌱 GATB 유형

유 형	특 성	검사방법
지능	일반적인 학습능력, 원리를 이해하는 능력, 환경에 적응하는 능력	입체공간검사, 어휘검사, 산수추리검사
형태지각	실물이나 도표에 나타나는 것을 세부까지 지각하는 능력	기구대조검사, 형태대조검사
사무지각	문자, 인쇄물, 전표의 세부를 식별하는 능력	명칭비교검사
운동반응	눈으로 겨누면서 빠르고 정확하게 손과 손가락의 운동 조절	타점속도검사, 표식검사, 종선기입검사
공간적성	공간형태 이해, 기하학적 문제해결 능력	평면도판단검사, 입체공간검사
언어능력	언어의 뜻과 개념을 이해하고 사용하는 능력	어휘검사
수리능력	빠르고 정확하게 계산하는 능력	산수추리검사, 계수검사
손 재치	손을 마음대로 정교하게 조절하는 능력	환치검사, 회전검사
손가락 재치	손가락을 정교하고 신속하게 움직이는 능력	조립검사, 분해검사

개인의 적성을 파악하는 것은 개인이 능력을 발휘하고 성취감을 경험하게 하여 사회에 생산적으로 기여할 수 있는 조건을 찾아주는 중요한 과정이다. 그러나 적성검사 결과에 적성이 높게 나타난 분야의 계열 및 학과를 선택하거나 그 분야의 직업을 선택한다고 해서 반드시 성공하는 것이 아니다. 다만, 어떤 분야의 적성이 높게 나타나면 그 분야에서 비교적 가능성이 높다고 예상할 수 있을 뿐이다.

즉, 적성검사 결과에 따라 전공이나 직업을 선택할 경우 성공할 가능성은 높을 수 있지만, 적성검사는 미래를 예상하는 하나의 자료일 뿐 맹신하는 것은 위험하다.

05 인간행동의 동인

인간은 누구나 기본적인 허기나 갈증과 같은 생리적 욕구로부터 이상적인 자아실현의 욕구에 이르기까지 다양한 욕구를 가지고 있다. 인간의 욕구는 매슬로우의 욕구단계설에 근거하여 설명할 수 있다. 욕구는 내·외적인 자극을 받아 활성화되면 동기로 전환되고 동기는 행동을 일으키는 직접적인 원인이 되는 것이다.

예를 들면, 배고픔의 욕구는 무엇을 먹게 하는 구체적인 행동으로 나아가는 동기가 된다. 즉, 스마트폰 광고를 보고(자극) 갖고 싶다는 마음이 생기고(욕구) 그러한 욕구가 활성화될수록 구매(행동)할 가능성이 커진다.

그러나 이러한 욕구들은 항상 활동하고 있는 것은 아니다. 욕구는 생겼다가 그 자체가 활성화되지 못하고 사라지는 경우도 많다. 또는 하나의 욕구가 표출되고 있을 때 또 다른 욕구는 이면에서 활성화되지 못하고 잠재해 있는 경우도 많다. 잠재해 있는 욕구는 여러 가지 자극을 받아 활성화되는데 이러한 자극은 인간의 내·외부로부터 오는 경우도 있으며, 내·외부의 자극이 하나가 되어 욕구에 영향을 미치는 경우도 있다. 이러한 활성화된 욕구는 그 자체가 하나의 힘이 되어 인간을 행동하게 한다.

따라서 인간의 행동은 칭찬이나 보상을 받게 되면 그 방향으로 강화되는 경향이 있는 반면, 보상을 받지 못하면 다음 번에는 소거된다. 또한 벌을 받게 되면 목표로부터 멀어지며 반대의 방향으로 향하게 된다.

1. 매슬로우의 5단계 욕구단계설

미국의 심리학자인 매슬로우의 5단계 욕구단계설은 1~4단계는 결핍의 욕구이며, 5단계는 성장의 욕구이다. 1~3단계는 저차원적인 욕구이며, 4~5단계는 고차원적인 욕구이다. 이 이론은 복합적인 인간의 욕구를 체계적으로 설명한다는 측면에서 높이 평가받고 있으나, 개인차나 상황의 특징을 경시한다는 측면에서는 비판받고 있다.

예를 들면, 어떤 업무에 대해 직원들이 지속적으로 열정을 갖도록 동기부여 하려면 어떻게 해야 할까? 무엇보다도 인간 본성에 잠재한 기본적인 욕구를 충족시킬 수 있도록 도와야 한다. 따라서 매슬로우의 5단계 욕구를 차례로 충족할 수 있도록 지원해야 한다. 즉, 기업은 종업원들이 안정된 고용환경을 바탕으로 인정(급여인상. 승진)받으며, 나아가 자기계발을 통해 자아실현을 할 수 있도록 환경조성과 지원을 아끼지 말아야 한다. 이것이 궁극적으로는 기업과 개인의 목표달성으로 연계되는 것이다.

자아실현의 욕구

존경의 욕구

사회적 욕구

안전의 욕구

생리적 욕구

▲ 매슬로우의 5단계 욕구단계설

🌳 욕구단계별 특징

단계별	특징
자아실현 욕구	인간욕구의 마지막 단계로서 개인이 자신의 능력과 가치를 최대한 발휘하여 이를 실현하려는 욕구이다(목표달성, 의미와 가치, 창의력, 자기계발).
존경 욕구	타인으로부터 인정과 존경을 받기를 원하는 욕구이다(성취, 인정, 지위, 존경).
사회적 욕구	어느 집단에 소속되기를 원하고 사람들과의 친교를 가지려는 욕구이다(사랑, 소속감, 인간관계, 친교).
안전 욕구	인간의 신체적 위험과 안전에 대한 욕구이다(위험회피, 안전).
생리적 욕구	모든 욕구 중에서 가장 기본적이고 강력한 욕구이다. 즉, 인간의 기초적인 삶을 유지하기 위한 욕구이다(의·식·주·성욕·수면).

2. 내적 동기와 외적 동기

인간의 행동을 결정하는 요인은 내적 동기와 외적 동기이다. 인간으로 하여금 어떤 행동을 하게 하는 원동력을 동기라고 하는데, 이러한 원동력은 내적인 힘과 외적인 힘에 의해 일어난다.

예를 들면, 학습동기는 이러한 동기의 일종으로 특정 과제를 학습하려는 추진력을 말한다. 동기는 공부를 하거나 업무를 수행하는 과정에서 큰 힘을 발휘하지만, 동기만으로는 목표를 달성할 수 없다. 목표를 달성하기 위해서는 열심히 노력하는 과정이 필요하다.

일반적으로 외적 동기는 내적 동기에 비해 강도가 약하므로 외적 동기보다 내적 동기를 유발하는 것이 효과적이다. 기업에서는 종업원들의 동기부여를 위해 내적 동기와 외적 동기를 혼용하여 사용한다.

(1) 내적 동기

내적 동기는 자기 스스로 일으키는 동기를 말한다. 즉, 타인의 지시나 강제 또는 성취의 결과가 주는 외적 보상을 기대하는 것이 아니라 자기 스스로 어떤 과제를 성취하고자 하는 동기를 말한다.

예를 들면, 학생 스스로가 열심히 공부해서 좋은 학점을 받아야겠다고 생각했다면, 학습행동 그 자체가 보수(성취, 만족, 보람)를 제공해 주는 것이다.

(2) 외적 동기

일반적으로 경제적 보상, 승진, 시상, 근무조건 같은 외적 동기유발 요인에 의해 일어나는 동기를 말한다. 이러한 방법은 보상이 소수에게만 돌아가는 단점이 있고, 지속적인 동기부여를 위해서는 보상조건을 계속해서 제시해야 하는 부담이 있다.

예를 들면 엄마가 딸에게 "이번 학기에 장학금을 받으면 방학때 해외연수를 보내주겠다."라고 약속을 하였다. 그로 인해 딸이 열심히 공부해서 장학금을 받았다면 외적 동기가 작용한 것이다.

따라서 가장 바람직한 동기부여 방법은 자기 스스로 일으키는 내적 동기이다. 이는 누구의 힘이나 보상이 아닌 자기 스스로 목표를 설정하고 실행방법을 찾아 목표를 달성하는 동기이다.

가장 바람직한 방법은 내적 동기와 더불어 외적 동기가 균형적으로 조화를 이루는 것이다.

Self-examination & Future plans

(전공 :   학번 :   성명 :   )

1. 나의 꿈(Dream)을 다시 찾자.

가. 어린 시절의 꿈

나. 현재의 꿈

다. 꿈의 변화요인

작성요령
• 자신의 내면을 살핀다.
• 어린 시절을 회상하거나 사진, 일기장 같은 단서를 찾아본다.
• 어린 시절부터 현재까지를 회상하며 내 꿈의 변화에 영향을 준 중요한 사건을 정리한다.
• 꿈이 왜 변했는지, 언제 변했는지를 시간의 흐름에 따라 정리한다.

2. 지금까지 살아오면서 성공이나 성취감을 느낀 사례를 정리해보세요.

가. 내적 동기로 인한 성공이나 성취감을 느낀 사례

나. 외적 동기로 인한 성공이나 성취감을 느낀 사례

- 내적 동기 : 자기 스스로 일으키는 동기(성취감, 보람)
- 외적 동기 : 외적 요인에 의해 일어나는 동기(금전적 보상, 승진, 명예)

3. 자신의 흥미와 관련된 직업에 대해 생각해 보세요.

구 분	내 용
나는 어떤 직업, 직무에 관심이 있는가?	
자신의 흥미·특기와 어울리는 직업은?	
적성검사, 성향분석, 상담, 특강, 면담 중 자신의 진로에 가장 큰 영향을 준 것은?	

4. 자신의 흥미, 적성, 성향검사의 결과를 바탕으로 적합한 직업 또는 직무를 생각해
보고 자신이 할 일이 무엇인지를 생각해 보세요.

구 분	검사결과	적합한 직업/직업 특성	내가 할 일
흥미검사			
적성검사			
성향검사			

작성요령 : 아직 검사를 받지 않은 경우에는 자신의 생각을 정리해 보세요.(검사를 받은 후에 다시 작성해 보고 검사 전에 작성한 것과 차이를 비
교해 보는 것도 좋을 것 같습니다.)

Chapter 08

진로탐색

Chapter 08 진로탐색

이 장에서는 자신에 대한 이해와 흥미를 바탕으로 진로계획과 전략을 담은 청사진에 대해 살펴본다. 즉, 자신의 진로에 대한 로드맵을 작성하고 실전적인 학년별 진로탐색에 대한 전략적 방법에 대해 학습한다. 또한 성역할 고정관념에 따른 진로결정의 어려움에 대해서도 학습한다.

Key Word : 로드맵, 진로탐색 과정, 학년별 대응전략, 성역할 사회화,
         SWOT 분석

01 진로탐색의 개념

진로탐색이란 진로발달 과정에서 진로의식이 뚜렷해짐으로써 진로기회의 다양성을 인식하게 되고, 그중 몇 개의 진로를 탐색하고 분석하여 궁극적으로 자신에게 알맞은 진로를 선택하는 과정이다.

진로를 선택할 때에는 먼저 자신에 대한 이해, 즉 나는 누구인가, 어떤 장·단점을 가지고 있는가, 흥미는 무엇인가, 추구하는 가치는 무엇인가 등을 파악하여 목표를 설정해야 한다. 즉, 목표를 효과적으로 설정하기 위해서는 전문지식, 가치관, 능력, 성격 등 자신의 특성을 파악하고 나아가 내면에 잠자고 있는 잠재력, 선호도, 포부 등을 발견해야 한다. 따라서 진로탐색이란 자아실현을 위한 진로계획을 세워 나가는 과정이다.

02 진로탐색 로드맵

31) 내면화 : 타인의 인지기
능, 태도, 가치관 등을 자
신의 사고체계에 병합시
키는 것

진로탐색 로드맵은 자신이 이루고자 하는 목표를 달성하기 위한 구체적인 계획이나 전략 등이 담긴 청사진을 말한다. 로드맵은 끊임없는 자아성찰과 내면화31)를 통해 자신이 진정으로 원하는 꿈이 무엇인지를 찾고 이와 관련된 정보를 탐색하여 만들어야 한다.

이런 의미에서 진로탐색 로드맵은 자신이 정한 길을 찾아가는 데에 좋은 길잡이가 되어 줄 것이다. 즉, 진로탐색과 인생설계를 지속적이고 순환적으로 이어주는 로드맵을 통하여 자기에게 가장 알맞은 미래(목표, 성공, 행복)를 찾아갈 수 있을 것이다.

▲ 진로탐색 로드맵

03 진로탐색 모형

진로탐색 모형은 자아분석, 환경분석, 직업세계로 구성된다.

첫째, 자아분석은 개인의 특성과 관련된 흥미, 성향, 적성, 신체적 특징 등을 파악하는 것이다. 이것은 진로를 선택하는데 기본적인 것이면서도 가장 중요한 요소이다. 따라서 객관적 평가와 주관적 평가를 모두 반영하는 것이 바람직하다.

둘째, 환경분석은 자신을 둘러싸고 있는 여러 가지 환경요소로서 진로탐색을 하는 데 있어서 직·간접적으로 영향을 미친다. 즉, 부모님의 직업이나 경제적인 측면을 고려해야 한다.

마지막으로 직업세계를 이해해야 한다. 직업환경의 변화를 이해하고 자신의 적성이나 능력과 가장 잘 맞는 직업 또는 직무를 파악한다. 즉, 자신이 잘 할 수 있고 오래 할 수 있는 직업을 찾아야 한다. 그러기 위해서는 다양한 직업세계에 대한 이해가 필요하며 앞으로 유망한 직종이 무엇인지도 고려해야 한다.

🌳 진로설계 과정

자아분석	개인적 요인
	흥미 · 적성 성향 · 가치관 능력, 장 · 단점 신체적 · 감각적 특징

환경분석	환경적 요인
	부모의 직업 부모의 성격 가정의 경제적 여건 가정의 사회적 여건

직업세계 이해	직업적 요인
	직업의 의미 직업관 직업정보 다양한 직업세계 이해 등

▶ 진로결정 ▶ 목표설정 ▶ 실행계획 수립

예를 들면, 직업환경의 변화에서도 언급했듯이 앞으로는 3차 산업인 서비스산업(여행, 택배 등)이나 금융산업, 인터넷 환경을 기반으로 한 산업들이 더욱 성장할 것으로 기대된다. 이러한 산업과 관련된 직무에 관심을 기울여야 한다.

SWOT 분석은 기업 내부의 강점과 약점요인 그리고 기업을 둘러싸고 있는 기회와 위협요인을 분석하여 최적의 대응전략을 수립하는 기법이다. 이 기법을 자신의 진로계획을 수립하는 데 응용하여 활용할 수 있다. 작성할 때 자신의 내면을 살피면서 구체적이고 상세히 작성하는 것이 바람직하다(뒷장 실전연습, Self-examination & Future plans에서 작성해 보세요).

🌳 SWOT 분석

	강점	약점
내부 환경		
	기회	위협
외부 환경		

내부환경 : 자신의 강점과 약점 / 외부환경 : 취업시장의 기회와 위협

04 학년별 진로탐색

학생들을 지도하다 보면 난감한 것 중 하나는 저학년 때에는 자신의 진로에 대해 별로 생각하지 않다가 고학년이 되면 마음이 급해지고 무엇을, 어떻게 해야할지 몰라 쩔쩔매는 학생들이 있다. 물론 그런 상황에 맞게 진단하고 대응하면 되지만 그만큼 방향설정이나 준비과정이 늦어지고 힘들다.

따라서 적기에 학년에 맞는 맞춤형 진로탐색을 하는 것이 바람직하다. 그이외에도 다양한 삶에 대한 자기 주도적인 진로계획을 수립하여 자존감을 높여야 한다. 이왕이면 진로탐색이 빠를수록 좋다. 그때그때 준비하지 않으면 정작 고학년이 되었을 때 그만큼 힘들게 된다. 진로탐색은 학생들의 학년별 대응전략과 학교의 지원부문으로 나누어 살펴보았다.

1. 학생

최근 대학생 10명 중 4명은 취업이나 진로를 결정하지 못해 졸업을 연기하는 경우가 있다. 그러나 기업의 인사담당자들은 졸업유예제도에 대해서 부정적인 견해를 가지고 있다. 그 이유는 직장을 다니다가 그만둘 것 같아서, 일부러 졸업을 늦추려고 한 것 같아서, 시간을 낭비한 것 같아서, 대학생활을 성실하게 하지 않은 것 같아서, 사회성이 부족할 것 같아서, 눈높이가 높을 것 같아서 등이다.

이러한 학생들은 대부분 시간을 효율적으로 활용하지 못하거나 준비 부족, 진로선택에 대한 방법을 몰라서 등이 원인이었다. 따라서 졸업학년 때 당황하지 않고 원하는 곳에 취업을 하기 위해서는 미리 준비하는 자세가 중

요하다. 그것도 전략적인 접근으로 자신의 목표를 찾고 선택과 집중을 하여 효율적인 준비가 되도록 해야 한다. 학년별 대응전략은 다음과 같다.

저학년 시기(1)

저학년 때에는 대부분의 학생들이 동기가 일어나지 않거나 일어난다 해도 방법을 몰라 막막해하는 경우가 많다. 이 시기에는 진로에 대한 방향을 정하도록 동기를 유발시켜 주는 것이 무엇보다 중요하다. 물론 자기 자신이 필요에 의해 일으키는 동기가 가장 바람직하겠지만 대학 초년병 시절에는 쉽지 않은 일이다. 부모님이나 주변 또는 학교 차원에서 도움을 주고 환경을 조성해 주는 것이 바람직하다. 또한 전공교수, 선배와의 상담을 통해 도움을 받는 것도 좋다. 이때 경계해야 할 것은 부모님이나 지인들의 조언에 너무 의존해서는 안 된다.

먼저 자신의 적성검사나 성향분석을 반드시 하도록 권하고 싶다. 이것은 객관적으로 자기 자신을 평가할 수 있다. 물론 이러한 검사를 절대적으로 맹신해서는 안 되지만, 기본적인 자신의 특성을 이해하고 이를 바탕으로 진로방향을 설정하는 데에는 많은 도움이 된다.

동기부여 방법

- 저학년을 대상으로 진로과목 개설
- 저학년을 대상으로 "비전캠프" 프로그램 운영(진로탐색 체험)
- 기업 및 공무원 시험 등에 합격한 선배들 위주로 초빙
- 다양한 직업군에 있는 외부 강사 초빙
- 인문학 특강 등을 통해 진로탐색에 대한 동기부여

저학년 시기(2)

저학년 때부터 구체적인 목표설정 및 준비태세에 들어가야 한다. 즉, 무엇을 어떻게 할 것인가?에 대한 대략적인 또는 구체적인 그림을 그리는 단계이다. 전공과목을 우선적으로 수강하여 전문지식을 습득하고 그와 관련된 자격증은 어떤 것들이 있는지를 파악하여야 한다. 이때 기본적인 자격증(토익 등)과 전공과 관련있는 자격증(SPEC)을 구분하여 취득하는 것이 다른 학생들과의 경쟁에서 유리할 것이다. 또한 전공과 관련 있는 경험을 쌓는 일이다.

예를 들면, 전공관련 공모전에 참가한다든지, AR를 하더라도 이왕이면 돈도 벌고 경력에 플러스가 되는 일을 하는 것이다.

"비전캠프"를 마친 후 소감(진로탐색 프로그램)

- 다양한 진로 체험을 해봄으로써 진로에 대한 터닝 포인트를 제공하고 사고력과 다양한 창의성을 일깨워주는 계기가 되었음.
- 다양한 직업을 가진 강사님들의 강의를 들어보고 그중에 자신에게 필요한 직업을 찾고 꿈을 이루기 위해 무엇을 준비해야 할 지 알게 되었음.
- 자신의 적성에 맞는 직업에 대해 인지하고 미리 준비할 수 있는 기회를 부여하는 시간이 되었음.
- 막연히 꿈과 이상으로만 생각했던 진로에 대한 생각을 이 프로그램을 통해 구체적인 계획과 준비를 통해 꿈을 현실로 승화시킬 수 있는 기회였음.

고학년 시기(1)

고학년 때에는 구체적인 실행계획을 세워 실행하는 단계이다. 방학을 적극적으로 활용하여 자기계발, 체험, 대외활동(공모전 등), 자격증 준비 등을 해

야 한다. 가장 구체적이고 적극적으로 준비하는 단계이다. 주의해야 할 것은 준비를 열심히만 한다고 좋은 결과를 얻을 수 있는 것은 아니다. 자신의 한정된 자원이나 여건을 고려해 가장 효율적인 방법을 찾아야 한다. 즉, 자신에게 주어진 시간, 노력, 비용 등을 목표달성을 위해 어떻게 활용할 것인가를 고민해야 한다. 그리고 계획대로 실행하고 있는지도 수시로 체크해야 한다. 진로탐색을 친구들과 함께 하면 서로 의지도 되고 정보교환도 할 수 있어 도움이 될 것이다.

고학년 시기(2)

고학년 때에는 그야말로 실전이다. 실제로 자신이 희망하는 산업이나 기업을 선정해 해당 기업과 관련된 정보를 탐색하고 집중하는 시기이다. 즉, 막연하게 "대기업에 취업하겠다."라는 전략[32]보다는 나에게 맞는 직업/직무가 무엇인지를 찾아 철저히 준비하는 것이 필승의 길이다.

[32] 방법이나 책략 또는 계획. 전술보다 상위 개념이다.

여러 구직 사이트에 접속하여 해당 기업과 관련된 구체적인 직업정보를 탐색하고 지금까지 준비한 것들을 정비하여 세부적인 실행계획을 세운다. 그리고 실전에서 어떻게 행동할 것인가, 즉 행동지침을 준비한다.

나아가 이력서나 자기소개서를 쓰는 형식이나 요령을 전문가에게 지도받는 것이 좋다. 대개 학생들이 쓴 자기소개서를 보면 추상적이거나 과장된 표현을 하거나 너무 아름답게 표현하려다 보니 진정성이 떨어져 보인다. 이런 것들은 좋은 점수를 받을 수 없다. 모든 것은 자신이 지원한 기업과 수행해야 할 직무에 초점을 맞춰 구체적으로 기술해야 한다. 그래야만 지원자가 해당직무를 수행하는 데 가장 적합하다는 평가를 받을 수 있다. 이력서와 자기소개서 쓰는 방법은 제12장 취업 및 준비과정에서 다뤘다.

 학년별 대응전략

학년	내용
저학년	동기가 일어나지 않거나 일어난다 해도 방법을 몰라 막막해하는 단계
	방향설정, 목표설정, 동기유발, 장기계획-내면을 살펴 진정으로 자신이 원하는 것 찾기 (부모, 교수, 선배 등)
	자아이해-취업 사이트나 학교 진로센터에서 적성검사나 직업적성검사, 성향검사(객관적 검사)
	자신의 특성파악-전공, 흥미, 경험, 가치관, 희망
	다양한 경험-독서와 여행, 체험, AR
	기본적인 자격증 취득(토익 등)
	문제점 : 무관심, 동기부족, 잘못된 신념 등 준비의 부족
	대략적인 또는 구체적인 그림을 그리는 준비단계
	전공에 대한 기초를 확고히 하고 전공에 어려움을 느끼면 대안을 고민하는 단계-전공 이외의 복수전공 탐색
	일반적인 자격증(토익), 전공과 관련있는 자격증(SPEC)을 구분하여 취득
	명확한 목표가 있을 시 어학연수 고려(어학 및 국제감각)
	멘토 선택(진로, 학교생활, 사회생활, 인생과 연계)
	커리어 전략에 따른 경험, 도전-공모전, AR(전공관련) 등
	문제점 : 진로탐색 고민, 우유부단, 진로탐색 방법/절차 잘 모름, 관련정보 부족
고학력	구체적인 실행계획을 세워 실행하는 단계
	자격증 취득, 입사설명회 참석, 자기소개서 쓰기 및 모의면접대회 참석
	어학연수, 교환학생 고려
	커리어에 맞는 인턴십 도전-공모전 등
	전공과 관련있는 자격증(SPEC)을 취득(전산, 회계, 마케팅, 생산 등)
	취업을 위한 서류전형 준비
	필요한 역량개발(자기계발)
	문제점 : 진로에 대한 확신 부족, 관련정보 부족, 내적/외적 갈등 등 정보의 불일치, 계획 대비 실행 어려움
	실행/실전단계
	취업 커뮤니티 적극 활용-무작위보다 비교분석 후 효용성이 가장 높은 곳 선택
	해당 기업 LIST 정리 및 분석
	스터디그룹이나 전문가 도움 요청(잘못 선정시 역효과)
	대기업 구직자의 경우 인문학적 소양(인성검사/적성검사 등) 사전준비
	채용박람회, 학교취업센터 등에서 정보수집 및 활용
	나의 커리어에 맞는 선배와의 networking
	인턴십(Internship) 지원 및 경험 축적
	문제점 : 계획 대비 실행 어려움, 목표수정 고민, 준비부족 등 혼란

진로 설계와 인성 함양

실행계획 접근방법

- 취업 커뮤니티 적극 활용 – 무작위 선정보다 효용성이 높은 사이트 선택
- 해당 기업 LIST 정리 및 분석
- 스터디그룹이나 전문가 도움 요청(잘못 선정시 역효과)
- 대기업 구직자의 경우 인적성검사 사전준비
- 채용박람회, 학교취업센터 등에서 정보수집 · 활용
- 선배와의 networking
- 인턴십(Internship) 지원

획일적 진로선택	다양한 진로선택
취 업 대학원 공무원	가치 행복(진정으로 원하는 삶)

▲ 진로선택

2. 학교

학교의 최대 과제 중 하나는 학생들의 취업이다. 학교는 학생들이 효과적인 진로탐색 및 실행을 할 수 있도록 환경조성과 지원을 해야 한다. 즉, 다양하고 실용적인 진로탐색 프로그램 운영, 체계적인 학생 맞춤형 취업지원시스템 운영, 차별화된 실무중심 교육 등을 실시하여 취업률을 상승시켜야 한다.

특히 학교는 진로탐색과 취업과목을 개설하고 외부인사의 초청특강으로 학생들에게 동기를 부여하고, 각종 전문프로그램 운영 등으로 체계적인 진로탐색과 취업을 준비하도록 해야 한다. 또한 학생들이 저학년부터 전공별

로 진로방향과 목표를 찾을 수 있도록 도와주고, 나아가 취업과 자연스럽게 연계시켜 체계적인 준비를 하도록 해야 한다. 이러한 맞춤전략을 통해 학생들의 진로탐색과 취업역량을 강화시킬 수 있다.

나아가 글로벌 시대에 맞는 경쟁력을 갖춘 인재 육성을 위한 해외문화탐사, 해외어학연수, 해외인턴십, 해외교환학생 같은 다양한 국제교류프로그램을 운영하여 많은 학생들이 글로벌 인재로 성장하도록 지원해야 한다.

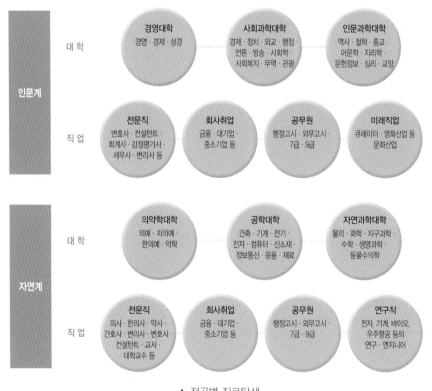

▲ 전공별 진로탐색

결론적으로 학생 스스로 자신의 진로결정과 취업을 준비하는 것이 바람직하지만 학교나 지인들의 지원이나 지지도 절대적으로 필요하다. 따라서 학생들은 저학년 때부터 자신의 특성과 잠재능력을 파악하고 경쟁력 있는 직업·직무를 찾아 도전하는 한편 학교의 환경이나 지원시스템을 최대한 활용하고 부모나 주변사람들의 아낌없는 격려·지지를 받을 때 성공가능성을 높일 수 있다.

진로탐색 성공사례

진로탐색에 대한 몇 가지 사례를 살펴보면, 대구 가톨릭대의 높은 취업률은 교직원들이 교육중심 대학으로서 명확한 목표 인식과 학생들의 적극적인 노력, 실질적인 취업지원시스템의 결과로 풀이된다. 1학년부터 학년별로 맞춤형 취업교육을 하고 산학협력 중점교수와 취업교육교수, 취업지원관이 지속적으로 취업상담과 실무교육을 함으로써 학생들의 취업역량을 높일 수 있었다.

대구 한의대는 2011년 전격적으로 실시한 "학부(과)별 취업전담교수제"를 통한 교수의 적극적인 학생지도, 취업지원센터의 다양한 취업정보 제공과 학생밀착형 교육프로그램 시행으로 학생들의 눈높이 조절을 통해 이뤄낸 성과이다. 대구 한의대 취업지원센터는 "학생 모두가 취업하는 그날까지"라는 슬로건으로 학생들의 취업역량을 강화하고 있다.

동국대가 학생들의 취업 희망진로와 역량 수준을 비교 분석하고 핵심역량을 개발하기 위한 드림패스(Dream PATH) 시스템을 국내 대학 최초로 도입한 데 이어 이를 활용한 인증제도를 본격 가동한다. 드림패스는 미래인재개발원 역량개발센터에서 개발해 운영, 관리하는 프로그램이다. 웹사이트(cdc.dongguk.edu)에 접속해 본인의 진로에 필요한 핵심역량을 스스로 진단 및 분석하고, 부족한 역량이 무엇인지 직접 계획을 세우고 계발할 수 있도록 도와준다.

드림패스는 크게 역량진단과 역량개발계획, 역량개발활동, 역량평가분석의 영역으로 나뉜다. 역량개발센터장인 이용한 교수는 드림패스에 대해 "학생들이 미래를 준비하는 과정과 그 경로를 탐색(Pathfinding)하고, 환경을 분석(Analyzing)하며, 비판적 사고(Thinking)를 할 수 있도록 학교가 아낌없이 지원(Helping)하겠다는 취지에서 나온 프로그램"이라고 설명했다.

역량개발활동은 교과와 비교과, 외부교육 과정으로 나뉜다. 교과 과목은 1단계 자기탐색부터 2단계 핵심역량 개발, 3단계 사회진출 준비까지 세분되어 있다. 이 센터장은 "학년별 수준과 시기에 맞춰 적절한 교육을 제공하기 위해 프로그램의 단계를 세부적으로 구분했다."고 말했다.

1단계에 해당하는 저학년 학생들에게는 자신의 비전 설정과 경력 개발을 위한 커리어 로드맵의 설계 등 직업선택을 위한 기초교육을 제공한다. 2단계의 학생들은 조직 구성원들 간의 대인관계 스킬, 효과적인 의사소통을 위한 자기표현 및 프레젠테이션 기법, 커뮤니케이션 스킬, 기업의 체계와 경영에 대한 이해 등의 과정을 학습하게 된다. 취업을 목전에 둔 학생들은 3단계, 채용정보 및 취업전략 수립, 직무의 이해 등 취업실전전략에 관한 현실적인 교육을 받게 된다.

비교과 과목은 경영지표를 꿰뚫는 경제학 에센스, 면접관을 사로잡는 인터뷰 영어, 엑셀 2007 통합과정, 기업이 한눈에 보이는 재무제표 분석, 조직을 살리는 성공화법 클리닉 등 다양하고 실용적인 과목들로 구성돼 있다. 또 인턴십이나 교환학생, 자격증, 공모전 등 본인이 시행한 외부 활동 내용들을 사이트에 입력하면 본인 점수와 동일 학년, 동일 학년 상위 20%, 전체 학년 평균, 전체 학년 상위 20% 점수 등 다른 학생들과의 역량 수준을 스스로 비교 평가할 수 있다.

역량개발센터는 드림패스 시스템의 활용을 위해 인증제도를 만들어 학생들에게 4학기까지 집중 이수할 것을 권장하고 있다. 또 드림패스 인증제도 내에 졸업시까지 사회봉사 60시간을 의무화했다. 역량개발센터는 "학생 스스로 꾸준히 사이트에 접속해 개인의 역량과 경력을 관리해 나간다면 졸업 전 멋진 포트폴리오 한 권이 완성돼 취업의 큰 자산이 될 것"이라고 밝혔다.

이승훈 씨(경영 13학번)는 "드림패스를 활용하면서 역량진단부터 계획, 활동, 평가까지 관리할 수 있어 좋았다."고 말했다. 이 씨는 드림패스의 가장 큰 장점으로 역량진단과 다른 학생들과의 역량비교를 꼽았다. 자신이 시행한 역량활동을 드림패스 프로그램에 입력하면 본인 학년의 상위 20%와 비교가 가능할 뿐 아니라, 취업에 성공한 선배들이 활동한 내용의 평균과도 비교할 수 있어 큰 도움이 된다.

출처 : http://search.naver.com

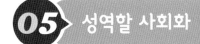

1. 성역할 사회화

성역할 사회화란 인간의 태도나 행위와 관련하여 성별에 따라 적절한 것으로 규정된 사회·문화적 기대치를 의미하며, 이는 태어나서 죽을 때까지 평생 동안 지속되는 과정이다. 아이들은 성별에 따른 생물학적 특성을 인식하는 것이 가장 먼저 발달하지만, 자라면서 사회가 규정한 성 고정관념의 영향을 받아 자신의 성 고정관념을 만들게 된다. 즉, 성 고정관념은 성별에 따라 다른 특성을 가진다고 생각하는 것이다. 대표적인 것으로는 "성격은 성별에 따라 다를 것이다."라는 것이다.

예를 들면, 보통 남성은 자기주장이 강하고 논리적이며 유능한 측면이 기대되는 반면, 여성은 온화하고 민감하며 타인을 잘 보살피는 성격특성이 있다는 것이다. 그 이외에도 성별에 따라 신체, 직업, 인지나 행동 특성이 다르

다고 생각한다. 또한 남성은 여성에 비해 신체적으로 키가 크고 강하고 수학에 재능이 있으며 지도력이 있을 것이라고 생각하는 반면, 여성은 온순하고 여리고 수학에 재능이 떨어진다고 생각한다. 따라서 남성은 운동선수, 트럭 운전사, 화학자와 같은 직업이 잘 어울리는 반면, 여성은 교사, 간호사, 양육, 집안일과 같은 직업에 더 잘 어울릴 것이라고 생각한다.

2. 성역할 변천

유아기 때부터 남아와 여아는 선별적인 양육을 받게 된다. 성장하면서 성역할에 대한 기대의 차이도 증가하면서 사춘기에 접어들면 남성과 여성의 행동양식에 확실한 차이가 난다. 이렇게 형성된 고정관념은 남성과 여성 모두 진로를 선택하는 데 큰 제약이 된다.

예를 들면, 남성은 사회성[33]과 경제적 능력이 있어야 하고 가정을 책임져야 하며 집안일은 해서는 안 된다. 반면 여성은 집안일을 하거나 자녀들을 양육하는 역할을 해야 한다.

33) 사회성: 사회의 한 구성원으로 성장해 가는 과정. 다른 사람들과 원만한 관계를 맺으며 살아감.

이로 인해 성역할 사회화는 일반적으로 남성·여성 모두에게 부정적인 결과를 초래하는 경우가 많다. 그러나 현대의 성역할은 이러한 고정관념을 깨고 신체나 성별에 구애받지 않고 능력에 따라 얼마든지 역할을 발휘할 수 있게 한다.

문제는 오랫동안 형성된 이러한 고정관념의 틀을 어떻게 깨느냐가 우리에게 주어진 과제일지도 모른다. 중요한 것은 이러한 틀에 스스로 갇히지 말고 과감히 벗어나야 한다. 지금은 양성평등시대이다. 오히려 성에 따른 차별을 받지 않고 자신의 능력에 따라 정치, 경제, 사회, 문화 등 삶의 모든 영역에서 동등한 기회와 권리를 누릴 수 있다. 따라서 진로를 탐색할 때 고정관념에 얽매이지 말고 과감하게 도전하는 용기가 필요하다.

예를 들면, 최근 남성들은 여성의 영역이라고 할 수 있는 간호사로 진로를

정한다든지, 여성들은 남성의 영역이라고 할 수 있는 군대로 진로를 정한다. 또한 여성도 경제활동으로 가족을 부양한다든지, 남성도 전업주부로서의 역할을 하는 경우가 늘어나고 있다.

3. 긍정적 · 부정적 측면

성역할 사회화는 긍정적 · 부정적 측면이 공존한다.

(1) 긍정적 측면

여성의 긍정적 측면은 기업조직 내에서 관계창출, 공감적 반응, 커뮤니케이션 능력이 탁월하여 상호 협력을 통한 업무의 생산성 및 효율성을 높여줌으로써 조직성과에 긍정적인 영향을 미친다.

남성의 긍정적 측면은 남성다움, 설득력, 논리력, 위험을 무릅쓰는 능력 등이 탁월해 조직을 이끌거나 조직목표를 달성하는 데 긍정적인 역할을 한다.

(2) 부정적 측면

여성의 부정적 측면은 낮은 자기효능감으로 남성의 영역에 진출하는 것을 주저한다. 이는 여성이 남성의 영역에 진출하여 성공한 모델이 없거나 스스로 고정관념에 얽매이기 때문이다. 게다가 경제적 활동을 함에도 불구하고 육아와 가사는 여전히 여성의 몫이다. 여러 가지 다중역할에 따른 갈등으로 인해 많은 스트레스를 받는다.

남성의 부정적 측면은 가정을 책임져야 하고 힘든 일이 있어도 혼자 감내해야 한다. 이러한 고정관념으로 인해 남성은 일과 성공이 인생의 전부라고 인식한다. 따라서 남성은 주택, 자동차, 지위와 같은 삶의 질보다는 물질적인 성공을 지향한다. 성역할 사회화에 관한 연구결과에 따르면 남성들의 평균수명이 여성보다 짧은 것도 이러한 원인으로 밝혀졌다.

4. 성역할과 진로선택

지금까지 형성된 고정관념을 하루아침에 깰 수는 없을 것이다. 역발상을 해보자. 다른 성 영역은 미지의 세계인 만큼 기회일 수 있다. 문제는 고정관념으로 인해 그 틀을 깨기가 쉽지 않다는 것이다. 그러나 성역할 고정관념을 과감하게 벗어나야 한다. 그리고 자신이 어떤 일에 도전하고자 하는 강한 의지와 주변사람들의 지지와 격려가 절대적으로 필요하다.

미래는 한 개인이 여성적 특징과 남성적 특징을 동시에 지닌 양성성 시대이다. 즉, 남성과 여성의 긍정적인 측면을 혼합하고 상호 보완할 때 이상적인 상태를 이루고 서로 상승작용이 일어난다.

따라서 성 고정관념에 얽매이지 말고 자신이 진정으로 원하는 것을 찾아 진로계획을 세우는 것이 바람직하다. 이러한 목표를 찾으려면 고정관념이 형성되기 이전의 어린 시절로 돌아가 자신의 꿈을 찾아보자. 어린 시절 자신의 꿈에 대해 부모나 지인들에게 물어보거나 사진, 일기장 등을 통해 자신이 진정으로 좋아했던 것이 무엇인지를 살핀다. 이러한 과정을 통해 찾은 것이 바로 자신이 가장 좋아하고 가장 잘 할 수 있고 가장 오래 할 수 있는 일일지도 모른다.

지금의 고정관념을 두려워하지 말고 내가 틀을 깨겠다는 도전정신과 나에게는 결코 장애가 될 수 없고 얼마든지 극복할 수 있다는 믿음을 갖는 것이 중요하다. 또한 서로의 성에 대한 지지, 지원을 아끼지 말아야 한다.

🌳 과거와 현재의 성역할 비교

과 거	현 재
남녀의 차별이 심하여 여자보다 남자를 우선시 하였고 성역할의 구분이 뚜렷하였다.	남녀의 성역할 구분이 점점 사라지고 있다.
남자는 무조건 집 밖의 일만 하고, 여자는 집안일만 해야 했다.	집안일을 서로 나누어 하고, 아빠도 엄마의 일을 돕는다.

공부를 할 때도 남녀가 배우는 과목이 달랐고 여자는 학교에 갈 수 없었다.	학교에서 여자와 남자가 함께 공부한다.
남자가 하는 일과 여자가 하는 일이 구분되었다.	자신의 흥미와 능력에 따라 원하는 다양한 직업을 선택할 수 있다.
여성의 사회활동에 제약이 많았다.	여성의 사회활동이 자유로워졌다.

우리 주변에서 흔히 볼 수 있는 성차별의 사례

• 고정관념
· 남자는 남자답고 여자는 여자다워야지!
· 남자답지 못하게 왜 이렇게 소심한 거야?
· 여자가 너무 기가 센 거 아니야?
· 남자가 무슨 가사 일을 한다는 거야? 사회생활만 열심히 하면 되지!
· 여자가 집에서 살림 잘하고 아이 잘 키우면 그게 돈버는 거지…

• 성차별적 표현
· 여자가 집에서 밥이나 할 것이지. 어디 여자가 감히…
· 저렇게 남자가 힘이 없어서야?, 남자가 하는 일에 여자가 끼어들다니…

• 성차별
· 회사 면접을 볼 때 여성의 외모와 키를 따질 때
· 여성에게 커피나 차 심부름을 시킬 때
· 임신과 출산 때문에 회사에서 퇴직을 강요받을 때
· 무거운 물건 운반을 남성이 하는 것으로 당연시할 때

• 성차별 관련 속담
· 암탉이 울면 집안이 망한다.
· 여자와 북어는 사흘 걸러 때려야 한다.
· 첫 손님이 여자면 그날은 재수가 없다.
· 여자가 너무 알면 팔자가 세다.

출처 : http://search.naver.com

성역할에 대한 바람직한 태도

- 사람을 능력으로 판단해야 한다.
- 성별을 떠나 누구에게나 기회를 평등하게 주어야 한다.
- 우리 생활 속에 남아 있는 성역할 고정관념을 버려야 한다.
- 올바른 양성평등을 위해 서로를 배려하고 존중해야 한다.
- 남녀차별을 금지하는 법과 제도를 보완해야 한다.

Self-examination & Future plans

(전공 :　　　　　학번 :　　　　　성명 :　　　　　)

1. SWOT 분석을 할 때 자기 자신의 강점 · 약점과 취업시장의 기회 · 위협요인을 분석하여 진로계획을 수립하되, 자신의 내면을 살피면서 구체적으로 상세히 작성하는 것이 바람직하다.

SWOT 분석

	강점	약점
내부 환경		
	기회	위협
외부 환경		

작성요령 → 내부환경 : 자신의 강점과 약점 정리 / 외부환경 : 취업시장의 기회와 위협요인 정리

2. 성역할 사회화의 긍정적 측면과 부정적 측면에 대해 정리해 보세요.

1) 긍정적 측면

2) 부정적 측면

3. 성역할 사회화에 따른 자신의 체험 사례를 정리해 보세요(긍정적/부정적 측면).

1) 자신이 겪었던 성차별 사례는?

2) 성차별 극복과 양성평등을 위해 어떤 노력을 기울여야 하는가?

직무탐색

Chapter 09 직무탐색

이 장에서는 자가진단을 통해 자신에게 맞는 직무를 탐색하고, 그에 따른
기초직업능력과 직무별 필요 능력을 살펴본다. 즉, 어떤 직무를 수행하기
위해 필요한 자격이나 능력이 무엇인지를 알아보고 직업역량을 향상시키는
방법에 대해서도 학습한다.

Key Word : 직무탐색, 자가진단, 기초직업능력, 직무별 필요 능력, 직무역
　　　　　량 향상

01 직무의 개념

　직무란 직책이나 직업상에서 책임을 지고 담당하는 "맡은 일"을 말한다.
예를 들면, 기획, 재무, 영업, 회계, 마케팅, 인사, 물류, 생산, R/D, 품질관
리, 전산 등이다.

　직무에는 그 수행과 관련하여 권한과 책임이 따른다. 그것은 직위에 적합
한 각자에게 주어진 일을 효율적으로 처리할 수 있도록 하고, 그 일의 과정
이나 결과에 대하여 책임을 지우기 위해서이다.

　직위란 조직구성원에게 부여할 수 있는 직무와 책임의 단위를 말한다. 예
를 들면, 일반적으로 사원, 대리, 과장, 차장, 부장, 이사 등과 같이 조직 내
에서의 수직적인 서열을 의미한다.

직책은 구체적인 권한과 책임을 동반하면서 보직이 부여되어 있는 경우를 의미한다. 예를 들어, 회사 조직이나 업무상에서 영업본부장, 생산부장, 마케팅팀장, 인사부장, 총무과장 등을 말한다.

▲ 직무의 종류

02 개인이 갖추어야 할 능력

능력이란 어떤 행위를 실제로 수행하는 신체적·심리적인 힘을 말하며, 이는 선천적으로 타고난 것일 수도 있고 후천적으로 학습된 것일 수도 있다. 능력은 지능과 유사한 개념으로 인지·지적 과제를 수행하는 데 관련된 일반적 능력과 특정 과제 수행에 관련된 특수능력으로 구분된다. 능력과 관련된 유사개념으로는 적성·성능·재능·역량 등이 있다.

03 직업기초능력

직업기초능력이란 직종이나 직위에 상관없이 대부분의 직종에서 직무를 성공적으로 수행하는 데 필요한 기본적인 지식이나 기술을 말한다. 즉, 직업기초능력이란 직장에서 일을 하는 데 필요한 지식, 기술 그리고 태도로 구성된 큰 능력집합이라 할 수 있다.

고용노동부에서 제공하는 국가직무능력표준은 산업현장에서 자신의 업무를 성공적으로 수행하기 위해 요구되는 직무능력(지식, 기술, 태도)을 과학적이고 체계적으로 도출하여 표준화하였다. 직무능력은 직무수행능력과 직업기초능력으로 구분한다. 직무수행능력은 다시 필수직업능력, 선택직업능력 그리고 산업공통직업능력으로 나뉜다.

 직업기초능력

직업기초능력	하위능력	세부요소
의사소통능력	문서이해능력	· 문서 정보 확인 및 획득 · 문서 정보 이해 및 수집 · 문서 정보 평가
	문서작성능력	· 작성 문서의 정보 확인 및 조직 · 목적과 상황에 맞는 문서 작성 · 작성한 문서 교정 및 평가
	경청능력	· 음성 정보와 매체 정보 듣기 · 음성 정보와 매체 정보 내용 이해 · 반응과 평가
	언어구사능력	· 목적과 상황에 맞는 정보 조직 · 목적과 상황에 맞게 전달 · 대화에 대한 피드백과 평가
	기초외국어능력	· 외국어 듣기 · 일상생활의 회화 활용
수리능력	기초연산능력	· 과제 해결을 위한 연산 방법 선택 · 연산 방법에 따라 연산 수행 · 연산 결과와 방법에 대한 평가
	기초통계능력	· 과제 해결을 위한 통계 기법 선택 · 통계 기법에 따라 연산 수행 · 통계 결과와 기법에 대한 평가
	도표분석능력	· 도표에서 제시된 정보 인식 · 정보의 적절한 해석 · 해석한 정보의 업무 적용
	도표작성능력	· 도표 제시방법 선택 · 도표를 이용한 정보 제시 · 제시 결과 평가
문제해결능력	사고력	· 창의적 사고 · 논리적 사고 · 비판적 사고
	문제처리능력	· 문제 인식 · 대안 선택 · 대안 적용 · 대안 평가

직업기초능력	하위능력	세부요소
자기개발능력	자아인식능력	· 자기이해 · 자신의 능력 표현 · 자신의 능력발휘 방법 인식
	자기개발능력	· 개인의 목표 정립(동기화) · 자기통제 · 자기관리 규칙의 주도적인 실천
	경력개발능력	· 삶과 직업세계에 대한 이해 · 경력개발 계획 수립 · 경력전략의 개발 및 실행
자원관리능력	시간관리능력	· 시간자원 확인 · 시간자원 확보 · 시간자원 활용계획 수립 · 시간자원 할당
	예산관리능력	· 예산 확인 · 예산 할당
	물적 자원관리능력	· 물적 자원 확인 · 물적 자원 할당
	인적 자원관리능력	· 인적 자원 확인 · 인적 자원 할당
대인관계능력	팀워크능력	· 적극적 참여 · 업무 공유 · 팀구성원으로서의 책임감
	리더십능력	· 동기화시키기 · 논리적인 의견 표현 · 신뢰감 구축
	갈등관리능력	· 타인의 생각 및 감정 이해 · 타인에 대한 배려 · 피드백 제공 및 받기
	협상능력	· 다양한 의견 수렴 · 협상가능한 실질적 목표 구축 · 최선의 타협 방법 찾기
	고객서비스능력	· 고객의 불만 및 욕구 이해 · 매너 있고 신뢰감 있는 대화법 · 고객의 불만에 대한 해결책 제공

직업기초능력	하위능력	세부요소
정보처리능력	컴퓨터활용능력	· 컴퓨터 이론 · 인터넷 사용 · 소프트웨어 사용
	정보처리능력	· 정보 수집 · 정보 분석 · 정보 관리 · 정보 활용
기술능력	기술이해능력	· 기술의 원리와 절차 이해 · 기술 활용 결과 예측 · 활용 가능한 자원 및 여건 이해
	기술선택능력	· 기술 비교, 검토 · 최적의 기술 선택
	기술적용능력	· 기술의 효과적 활용 · 기술 적용 결과 평가 · 기술 유지와 조정
조직이해능력	국제감각	· 국제적인 동향 이해 · 국제적인 시각으로 업무 추진 · 국제적 상황 변화에 대처
	조직체제이해능력	· 조직의 구조 이해 · 조직의 규칙과 절차 파악 · 조직 간의 관계 이해
	경영이해능력	· 조직의 방향성 예측 · 경영조정 · 생산성 향상 방법
	업무이해능력	· 업무의 우선순위 파악 · 업무활동 조직 및 계획 · 업무수행의 결과 평가
직업윤리	근로윤리	· 근면성 · 정직성 · 성실성
	공동체윤리	· 봉사정신 · 책임의식 · 준법성 · 직장예절

출처 : 고용노동부/한국산업인력공단, 2013.

04 직무별 필요 역량

직무란 기업이 목표달성을 하는 데 있어서 필요한 업무, 즉 기획, 재무, 영업, 회계, 마케팅, 인사, 생산, R/D, 품질관리 등이다. 이러한 직무는 회사마다 다소 차이가 있지만 대부분 유사한 내용으로 구성되어 있다. 기업에서 필요로 하는 일반적인 직무유형과 필요한 자질 및 스킬은 다음과 같다.

🌲 직무별 필요 역량

직 무	직무내용	필요자질 및 스킬
경영기획	· 전반적인 경영방침 및 전략수립 · 단기 · 중장기 전략 · 사업부문별 전략대안 개발 · 사업부문별 손익분석 · 이해관계 조정역할 · 신규사업 타당성분석 · 산업동향분석	· 기획력, 분석력, 종합사고력, 조정능력, 창의력, 대인관계능력, 의사소통능력, 설득력 · 재무/회계/경영지식 · 정보수집 및 분석능력 · 외국어 독해 및 회화능력(선택)
마케팅	· 단기 · 중장기 마케팅전략 수립 · 고객욕구 파악 · 시장분석 · 신제품 개발 · 광고기획 및 홍보활동 · 브랜드별 매출 및 손익관리	· 창의력, 기획력, 분석력, 의사소통능력, 대인관계능력, 설득력 · 마케팅 전문지식 · 정보수집 및 분석능력 · 미래예측능력
인사관리	· 단기 · 중장기 인사정책 및 인사기획 · 인사제도 운영능력(채용, 교육, 평가, 보상) · 회사와 직원과의 가교역할 · 인력수급관리 · 인적자원 계발(장기적)	· 조정능력, 기획력, 통찰력, 분석력, 종합사고력, 창의력, 의사소통능력, 대인관계능력, 설득력 · 전략적(장기적 · 통합적) 사고 · 인사관리 전문지식 · 정보수집 및 분석능력 · 미래예측능력 · 철저한 보안의식

직 무	직무내용	필요자질 및 스킬
영업/ 영업관리	· 단기 · 중장기 영업전략 수립 · 영업 및 영업관리 · 판매실적 관리 및 분석 · 고객관리 · 매출채권 관리 · 신규매장개설 및 관리	· 영업력, 분석력, 창의력, 기획력, 설득력, 의사소통능력, 대인관계능 력, 통찰력 · 영업마인드 및 판매능력 · 고객관리능력 · 고객서비스능력 · 현장업무 파악능력 · 전산관리 및 분석능력
물류관리	· 단기 · 중장기 물류전략 수립 · 물류관리(제품의 흐름) · 정보관리(제품 · 고객정보의 흐름) · 입 · 출고 및 보관관리 · 고객관리(물류서비스) · 적정재고관리	· 관리력, 분석력, 기획력, 창의력, 책임감, 건강한 신체조건, 의사소 통능력, 대인관계능력 · 물류전문지식 · 물류관리능력 · 고객관리능력 · 고객서비스능력(배송관련) · 현장업무 파악능력 · 전산관리 및 분석능력
품질관리	· 단기 · 중장기 품질관리 방침 및 목표 수립 · 품질 경영시스템 구축 · 품질관리(QA) · 표준 · 규격관리 · 공정관리 · 품질검사 · 품질개선	· 관리력, 기획력, 책임감, 원칙주의, 성실성, 창의력 · QA 전문지식 · 품질관리능력 · 전산관리 및 분석능력 · 현장업무 파악능력
재무 · 회계	· 단기 · 중장기 방침 및 목표 수립 · 자금조달 및 운용 · 회계처리 및 결산 · 경영분석 · 현금흐름관리	· 관리력, 분석력, 기획력, 조정능력, 책임감, 성실성, 윤리성, 의사소통 능력, 설득력 · 재무/회계/경영지식 · 정보수집 및 분석능력 · 외국어 독해 및 회화능력

05 직무역량 향상

직무능력은 직장에서 맡은 업무를 수행하는 데 필요한 모든 능력을 일컫는다. 이러한 직업능력은 어떤 일에 종사하든지 공통적으로 필요한 직업기초능력, 특정 직무를 수행하는 데 필요한 직무수행능력, 자신에게 맞는 일자리를 찾고 구하는 데 필요한 구직기술로 나눠볼 수 있다.

성공적인 사회생활과 직장에서 맡은 업무를 원활히 처리하기 위해서는 자신의 능력을 키워야 한다. 그렇지 않으면 평가나 보상이 나쁠 수밖에 없고 설사 기회가 와도 잡을 수 없다. 자신의 능력을 키우는 일은 끊임없는 자기계발과 노력에 의해 가능하다. 일반적으로 조직에서 가장 필요로 하는 능력은 업무수행능력과 비즈니스능력이다.

첫째, 업무수행능력은 자신이 수행하는 업무를 시작부터 끝까지 맡아서 처리할 수 있는 능력을 말한다.

예를 들면, 광고기획에 관련된 프레젠테이션 업무를 상사에게 지시받았다. 광고를 기획하기 위해서는 전문지식을 바탕으로 아이디어, 소비자 욕구(선호도), 제품, 모델, 예산, 트렌드, 결과예상 등에 관한 정보를 수집하고 분석하여 창의적인(creative) 광고안을 만들 수 있는 능력이 있어야 한다(실전에서는 팀을 구성하고 역할을 분담해서 하는 경우가 대부분이다).

둘째, 모든 업무는 효율성과 효과성을 바탕으로 수익성을 창출해야 하므로 비즈니스능력이 있어야 한다. 즉, 한정된 자원(시간, 비용)으로 최대의 효과를 거두기 위해서는 협상능력이 있어야 한다. 협상을 성공적으로 이끌기 위해서는 전문지식, 설득력, 상호관계, 의사소통, 통

34) 배분적 협상 : 정해진 파이를 나누는 Zero-sum(win-loss) 협상이다. 즉, 내가 이익을 보면 상대방이 그만큼 손해를 보는 방식이다.

35) 통합적 협상 : 파이의 크기를 늘리는 Plus-sum(win-win) 협상이다. 즉, 둘 다 이득을 보는 방식이다.

찰력 등의 능력이 있어야 한다. 협상은 배분적 협상[34]과 통합적 협상[35]이 있는데 가능하면 서로가 상생(win-win)할 수 있는 통합적 협상 능력이 탁월하면 좋다.

그 이외에도 외국어능력, 대인관계능력, 의사소통능력, 문제해결능력, 수리능력, 정보분석능력, 조직이해능력 등이 필요하다. 이러한 능력은 타고나는 부분도 있지만 대부분 후천적 학습과 끊임없는 자기계발을 통해 갖출 수 있다.

한편 기업들은 종업원의 지식·기능·자질을 향상시켜 조직목표를 달성하기 위해 교육훈련을 실시한다. 교육은 백년지대계(百年之大計)라 했다. 대부분 성공한 기업들은 장기적인 관점에서 체계적인 교육훈련을 실시하여 직원들의 업무처리능력을 향상시키고 있다. 교육훈련 방법은 대개 계층별 교육(신입사원, 관리감독자, 경영자)과 직능별 교육(생산, 영업, 회계, 마케팅)으로 나눠 실시한다.

그러나 실제로는 교육훈련을 제대로 못하는 기업도 있다. 왜냐하면 당장 해야 할 일은 산적해 있고 또 교육을 하려면 시간과 비용이 발생하는데 당장 수익은 나지 않기 때문이다. 장기적인 관점에서 보면 이런 기업들은 경쟁력을 잃게 된다.

Self-examination & Future plans

(전공 :   학번 :   성명 :   )

1. 원만한 직장생활과 자신에게 주어진 직무를 성공적으로 수행하기 위해 필요한 개
   인이 갖추어야 할 능력은?

직무수행에 필요한 능력	설 명
직장생활에 필요한 덕목	

2. 자신이 희망하는 산업, 직종, 직무를 선택하고 업무를 수행하는 데 필요한 자질 및
  능력에 대해 구체적으로 정리해 보세요.

산 업	직종(분야)	직 무	필요한 자질 및 능력

작성요령 → 산업 : 자동차 산업 / 직종 : 서비스 또는 생산 / 직무 : 판매 또는 관리

3. 상기 필요한 능력을 갖추기 위해서 어떻게 준비해야 할까요?

구 분	실행계획	시 기
전공지식		
자격증		
경 험		
기 타		

작성요령 → 전공지식 : 수강과목 / 자격증 : 필요한 자격증 / 경험 : AR, 공모전, 해외연수, 인턴

Chapter 10

진로 의사
결정

우리는 살아가면서 수많은 선택과 결정을 한다. 비교적 쉬운 결정인 "오늘 점심은 뭘 먹을까?"부터 어려운 결정인 "나는 취업을 할까?, 아니면 대학원에 진학을 할까?"

먼 훗날 인생을 다시 한 번 살 수 있다면 다른 선택을 할 수도 있었을텐데 (후회)… 그러나 나에게 주어진 인생은 딱 1번뿐이다. 자신이 어떤 결정을 하느냐에 따라 인생이 달라진다. 이러한 연속적인 선택과정을 의사결정이라 한다.

이 장에서는 좀 더 객관적인 선택을 할 수 있는 합리적 의사결정에 대해 학습한다. 이 과정에서 정보를 수집, 분석해서 의사결정에 활용하는 것이 중요하다.

Key Word : 합리적인 의사결정, 진로의사결정, 의사결정 유형, 정보처리 과정

01 의사결정의 개념

우리는 하루하루의 일상생활 속에서 수없이 많은 결정을 한다. 비교적 쉬운 결정인 "오늘 점심은 뭘 먹을까"부터 인생에서 아주 중요한 결정인 "나는 취업을 할까?, 아니면 대학원에 진학을 할까?" 등이다. 사소한 결정을 하거나 때로는 인생의 중요한 결정을 하거나 이러한 선택과정을 의사결정이라 한다.

우리는 어떤 결정을 할 때 정보를 수집해서 활용한다. 나름대로 최선의 선택을 하기 위해서는 먼저 자신이 경험한 기억을 활용하거나 타인의 조언

을 듣기도 하고 인터넷 등을 통해 정보를 탐색하기도 한다. 하지만 그것이 최선의 선택이었는지는 실행 후 결과를 보지 않고는 알 수 없는 일이다. 다만, 의사결정 시점에서 나름대로 여러 가지 방법을 강구해서 좀 더 합리적인 의사결정을 해야지만 자신이 원하는 목표를 달성하거나 시행착오를 줄일 수 있다. 또한 우리는 지금 매 순간마다 최선의 선택을 하기 위해 어떤 노력을 하고 있는지 스스로에게 자문해 보아야 한다. 이러한 문제의식이 있어야 다음 번에는 좀 더 나은 의사결정을 할 수 있다.

그렇다면 의사결정에서 가장 중요한 요인은 무엇일까? 우리의 삶은 연습이 없다. 살아보다가 아닌 것 같으면 다시 돌아갈 수 없는 것이 인생이다. 어떤 선택이나 결정을 할 때 후회하지 않도록 합리적이고 현명한 결정을 하려면 여러 가지를 고려하여 매 순간 최선의 노력을 경주해야 한다. 따라서 의사결정에서 가장 중요한 것은 자기 자신에 대한 이해와 주변환경에 대한 이해를 바탕으로 필요한 정보를 수집ㆍ분석하여 활용하는 지혜가 필요하다. 즉, 과학적ㆍ체계적인 방법으로 의사결정을 하는 것이 바람직하다.

합리적인 방법이란? 예를 들면 할머니, 할아버지께서 "왜 이렇게 허리가 쑤셔, 비가 오려나?" 그러면 거의 비는 오지만 과학적으로 증명할 수가 없기 때문에 과학적이라고 볼 수 없다. 반면 기상청에서는 비가 안온다고 일기예보를 했는데 설사 비가 오더라도 비과학적이라고 하지 않는다. 왜냐하면 체계적이고 과학적인 방법을 통해 각종 정보(기압, 기온, 이슬점, 풍향, 풍속, 구름)를 수집하고 슈퍼컴퓨터로 분석하여 나온 결과를 전문가들이 해석했기 때문이다. 그러나 실제로 의사결정을 할 때에는 과학적인 방법과 직관에 의한 방법을 혼용하여 사용하는 것이 현명하다.

02 의사결정 유형

의사결정의 유형을 살펴보면 합리적 유형, 직관적 유형, 의존적 유형이 있다.

1. 합리적 유형

의사결정을 할 때 자신과 상황에 대해서 현실적으로 평가하는 유형이다. 자신과 상황에 대하여 정확한 정보를 수집하고, 신중하고 논리적으로 의사결정을 하며 그 결정에 책임을 진다.

2. 직관적 유형

의사결정을 할 때 자신과 상황에 대하여 감정적으로 평가하는 유형이다. 의사결정을 할 때 환상이나 감정을 이용한다. 즉, 즉흥적인 느낌을 중시한다. 합리적 유형과 마찬가지로 자신의 결정에 대한 책임을 진다.

3. 의존적 유형

의사결정에 대한 책임을 지지 않으려는 유형이다. 의사결정 과정에서 타인의 영향을 많이 받으며 수동적이고 의존적이다.

결론적으로 대부분 합리적인 의사결정이 바람직하지만 사안에 따라서 직관적인 느낌이나 통찰력[36]을 바탕으로 결정하는 것도 효과적이다. 즉, 주관적, 직관적, 느낌, 경험 등도 고려해야 한다. 실질적으로 상기 3가지 유형을 적절히 혼용하여 결정하는 것이 좋다.

36) 통찰력 : 사물이나 현상을 통찰하는 능력을 말한다. 즉, 현상의 이면 속에 숨겨진 본질을 꿰뚫어보거나 남들이 보지 못하는 것을 볼 줄 아는 능력을 통찰력이라 한다.

▲ 의사결정 유형

03 합리적인 의사결정

합리적인 의사결정은 놀이극(gaming), 모델화(modeling), 시뮬레이션(simulation) 기법 같은 것을 사용하여 의사결정에 수학적으로 접근하는 방법을 말한다. 인간은 누구나 의사결정을 할 때에는 투입과 산출 간의 관계를 고려한다. 즉, 어떤 투입요소가 결과에 어느 정도의 영향을 미치는가를 분석하는 것이다.

대부분의 사람들은 의사결정을 할 때 경제적 합리성 모델을 바탕으로 한다. 인간은 최소의 투입(비용)으로 최대의 효과(산출)를 얻으려는 방향으로 행동한다. 즉, 여러 가지 선택 가능한 직업 중에서 자신이 투자(시간, 노력, 정열, 비용)한 것을 최대한 보상받을 수 있는 직업을 선택한다는 것이다. 이것은 단지 경제적인 보수뿐만 아니라 지위나, 명예, 성취, 보람 등 개인의 가치를 만족시키는 모든 것을 포함한다.

04 진로의사결정

진로의사결정은 개인이 선택 가능한 여러 가지 진로 중에서 자신의 특성과 능력을 고려하여 최선의 진로를 선택하는 과정이다. 이에는 대학교에서 학과를 선택할 때나 고학년 때 직장선택 또는 직업의 변화시점에서 일어나는 의사결정 등 진로와 관련된 모든 결정이 해당된다. 진로선택과 발달에서 일어나는 의사결정과정은 다음과 같은 과정을 거친다. 먼저 자신의 현재상황을 정확하게 진단하여 진로 목표를 세운 후 정보를 수집·분석하여 가능한 대안을 개발한다. 이때 각각의 대안에 대하여 성공가능성, 비용, 위험성, 시간 등을 비교·평가한 후 결정한다.

효과적인 진로선택을 위해서는

첫째, 자기 자신에 대해 이해해야 한다. 즉, 자신이 어떤 사람(흥미·가치·능력·적성·성격·경험)인지를 객관적으로 판단하는 것이다. 또한 부모 성격이나 경제적인 능력 같은 환경요소도 고려해야 한다.

둘째, 어떤 직업들이 있는지 직업세계를 이해해야 한다. 즉, 유망직업 등 직업환경 변화를 이해하고 자신에게 잘 맞는 직업이 무엇인지 또는 자신이 잘 할 수 있는 직업이 무엇인지를 파악한다.

셋째, 합리적인 의사결정 과정을 이해하고 적용하는 것이다. 즉, 진로결정에 필요한 정보를 수집하고 과학적으로 분석한다. 여러 가지 대안들 중에서 시간과 비용의 투입정도와 결과를 예상하여 그중 하나를 선택하는 것이다.

그런데 대부분의 학생들은 진로결정을 어떻게 해야 하는지 방법을 몰라

또는 동기를 찾지 못해서 등의 이유로 제때 진로결정을 못한다. 진로의사결정에는 확신의 정도가 높은 상태를 "결정", 낮은 상태를 "미결정"이라고 한다. 반면 발달과정에 있는 진로미결정자와는 달리 우유부단한 성격으로 인해 "미결정 상태"로 남아있는 진로미결정자가 있다. 이들은 우유부단한 성격 때문에 시간이 지나거나 정보가 제공되더라도 여전히 의사결정을 못한다.

가장 바람직한 진로결정은 자기 스스로 동기를 찾는 일이다. 예를 들면, 자기 스스로 내적 동기를 일으켜 자신의 목표를 정하는 것이다. 이것이 가장 강력한 동기이며 성공가능성을 높일 수 있다. 또한 부모, 교수, 멘토, 선배 등 주변사람들의 도움도 절대적으로 필요하다.

1. 진로의사결정 7단계

일반적으로 진로의사결정은 1단계 문제인식 및 정의, 2단계 평가기준의 설정, 3단계 대안의 탐색, 4단계 대안의 평가(분석), 5단계 대안의 선택(결정), 6단계 실행, 7단계 평가(피드백) 과정으로 진행된다.

▲ 진로의사결정 7단계

(1) 1단계 문제인식 및 정의

자신의 진로결정에 대해 필요성을 느끼거나 문제해결 또는 새로운 기회를 찾고자 하는 동기를 유발하는 단계이다. 이때 자신이 결정해야 하는 문제나 상황을 올바르게 이해하고 추구하는 가치와 목표를 명확하게 파악하는 것이 중요하다.

(2) 2단계 평가기준의 설정

진로선택이나 문제해결을 위하여 제시된 여러 대안들 중 어떤 것을 선택하고 결정하느냐를 평가할 수 있는 기준을 마련하는 것이다. 평가기준을 설정할 때 어떤 대안이 자신의 내적·외적 요인을 만족시킬 수 있는지를 고려하여 판단해야 한다. 그 다음에는 평가기준과 자신의 현재상태를 비교하여 차이점이 무엇인지를 발견한다.

(3) 3단계 대안의 탐색

자신이 원하는 결과를 얻을 수 있는 두 개 이상의 방법을 제시하는 단계이다. 이 단계에서는 각 대안을 비교·평가하는 데 필요한 정보를 수집하되, 그 정보들이 진로탐색이나 문제해결에 있어 얼마나 필요한 정보인지, 제약은 없는지를 고려하여 개발하여야 한다. 또한 대안 탐색에 필요한 정보를 수집할 때 1차적으로 자신의 기억정보를 활용하고, 2차적으로 멘토, 신문, 인터넷, 지인 등을 통해 폭넓게 탐색해야 한다.

(4) 4단계 대안의 평가(분석)

가장 중요한 단계이다. 탐색된 각 대안을 평가기준을 고려하여 비판적인 분석[36]을 하여 그중 자신의 목적과 가장 부합하는 하나의 대안을 선택하는

36) 비판적인 분석 : 상황을 냉철하게 분석하여 정확하게 판단하는 것

과정이다. 각각의 대안을 평가기준과 비교 평가하여 각 대안이 갖는 만족도, 예상결과, 성공가능성, 위험성, 비용, 시간, 장·단점 등을 비교·평가한다. 평가기준의 중요도에 따라 가중치를 둘 수 있다.

(5) 5단계 대안의 선택(결정)

다수의 대안 중에서 가장 효과적[37]이며 효율적[38]인 대안을 선택하는 단계이다. 효과적 측면은 긍정적인 목표달성이 기대되는 것, 효율성 측면은 투입과 산출적인 측면을 고려하여 결정한다.

(6) 6단계 실행

결정된 대안을 실행하는 과정이다. 이에 따른 세부계획을 수립하고 실천하는 단계이다. 아무리 좋은 결정이라도 실행하지 않으면 아무 소용없다. 실행계획을 수립하여 열과 성을 다하여 추진하여야 한다. 이 과정에서 반드시 어려움에 직면할 것이다. 그러나 이를 극복하는 과정을 통해 더 강해지고 성숙해지는 것임을 명심해야 한다. 목표를 달성하기 위해서는 무엇보다 자신이 열심히 노력하는 것이 중요하며, 주위의 지지나 지원도 필요하다. 또한 실행계획을 세워 꼼꼼히 관리해야 한다. 행동지침과 체크리스트를 만들어 관리하는 것도 좋은 방법이다.

계획은 고정적인 것이 아니다. 환경의 변화나 돌발변수 등이 생기면 자신이 세웠던 계획을 일정범위 내에서 수정하거나 아예 목표를 다시 세워야 한다(물론 목표를 세우고 실행하는 과정에서 힘들다고 포기하는 것을 의미하는 것은 아님).

(7) 7단계 평가(피드백)

마지막 단계로서 진로의사결정의 과정이나 결과에 대한 평가를 하여 피드백하는 단계이다. 실행된 대안이 효과적·효율적으로 달성되었는지, 수

37) 효과성 : 어떤 목적을 지닌 행위에 의하여 보람이나 좋은 결과가 드러나는 것(긍정적인 목표달성)
38) 효율성 : 투입(시간, 비용, 노력 등)에 비하여 얻는 결과가 큼.

진로 설계 와 인성 함양

PART 02 진로설계

236

행과정상의 문제는 없었는지를 평가하여 다음 의사결정시 반영한다.

"구슬이 서 말이라도 꿰어야 보배"라는 속담이 있다. "이는 아무리 좋은 것^(재능·능력)을 가지고 있다 하더라도 그것을 잘 활용하지 못하면^(목표·실행) 아무 소용없다."는 의미일 것이다.

의사결정할 때 생길 수 있는 오류

의사결정할 때 오류를 범하는 경우가 빈번하게 발생되는데
- 현재의 문제를 빠르게 해결하기 위해 지나치게 과거의 경험을 바탕으로 의사결정을 하는 경우
- 의사결정자가 이용 가능한 기억(주로 최근 기억)에 의존해 의사결정을 하는 경우
- 대표성을 가진 인물의 영향을 받아 의사결정을 하는 경우
- 잘못된 의사결정인지 알면서도 그 의사결정에 계속 몰입하는 경우(매몰비용 효과)
- 선입견이나 편견(고정관념)을 갖고 의사결정을 하는 경우

의사결정시 경계해야 할 것

- 휴리스틱(heuristic)
의사결정 과정을 단순화한 지침이나 규약을 의미한다. 즉, 휴리스틱은 문제를 해결함에 있어 그 노력을 줄이기 위해 과거 의사결정에 사용되었던 모델을 사용한다.

어떤 사안의 의사를 결정하려면 다양한 변수를 고려해야 한다. 그러나 현실적으로 정보의 부족과 시간제약으로 완벽한 의사결정을 할 수 없다. 제한된 정보와 시간제약을 고려해 실무상 실현 가능한 해답이 필요하다. 이것이 바로 휴리스틱 접근법이다. 의사결정을 쉽게 할 수 있는 장점이 있는 반면, 환경변화나 시간의 흐름을 반영하지 못하는 단점이 있다.

• 몰입상승 현상

특정 사안에 대해 잘못된 의사결정임을 알면서도 그대로 밀고 나가는 행동이라고 할 수 있다. 즉, 최종 결과물이 나오기 전에 이미 문제가 발생할 것임을 내부적으론 알면서도 지금까지 투입된 비용을 고려해 그대로 추진하려는 오류를 말한다.

2. 크롬볼츠(Krumboltz)의 사회학습이론

사회학습이론은 개인이 사회와의 상호작용을 통해 무엇을 학습했느냐에 따라 진로선택에 영향을 미친다는 이론이다. 개인의 진로에 영향을 미치는 영향요인을 환경적인 요인과 심리적인 요인으로 구분한다. 환경적 요인은 유전적 요인, 특별한 능력, 환경적 조건, 사건으로 구분하고, 심리적 요인은 학습경험, 과제접근기술로 구분한다.

(1) 환경적 요인

첫째, 유전적 요인과 특별한 능력은 개인이 선천적으로 타고난 성별, 성격, 지능, 신체적 특징(외적, 감각)과 특별한 능력을 의미하며, 이는 개인의 진로결정에 영향을 주는 요인이다.

둘째, 환경적 조건과 사건은 개인이 환경에서 취업·직종의 내용, 가정, 사회, 교육훈련, 정책, 법, 기술의 발달과 같은 특정한 사건과 상황을 겪으면서 진로결정에 영향을 미친다.

따라서 환경적 요인은 개인이 통제할 수 없는 영역으로 상담을 통해 변화시키는 것이 불가능하다.

(2) 심리적 요인

학습경험은 도구적 학습경험과 연상적 학습경험으로 구분한다. 도구적 학습경험은 개인이 결과에 대한 반응을 통해 학습하는 것으로서 행동의 직접적이고 관찰가능한 결과를 통해 학습하는 것이다. 반면 연상적 학습경험은 이전의 중립적 상황에 대한 부정적·긍정적 반응을 통해 이루어진다.

예를 들면, "모든 정치인들은 부정직하다." 또는 "은행원들은 모두 부자다." 등은 이러한 직업에 대한 개인의 인식에 영향을 미친다.

과제접근기술은 개인이 환경변화를 이해하고 이에 적응하고 미래를 예측하는 능력, 문제해결능력, 정보수집능력, 일하는 습관, 감성적 반응, 인지적 과정 등으로 개인마다 다르게 나타난다. 이러한 개인차는 유사한 직업이나 흥미에 관심을 유발시키고 선택한 직업에서 성공할 가능성을 높음으로써 진로선택에 결정적 영향을 미친다.

따라서 심리적 요인은 진로결정에 영향을 미치는 개인의 생각과 감정, 행동을 결정하게 되는 것들로 상담을 통해 변화가 가능하다.

크롬볼츠(Krumboltz) 의사결정 7단계

크롬볼츠(Krumboltz) 의사결정은 앞에서 다뤘던 합리적인 의사결정 7단계 과정과 유사하다. 다만, 6단계 대안의 순차적 배제는 개발된 각 대안들을 평가기준에 따라 평가하는 방식이다. 즉, 비보완적 방식을 통해 중요한 평가항목부터 평가하여 점수가 높은 대안을 순차적으로 채택하는 방식으로 나중에 최종적으로 남은 대안을 선택한다.

1단계	문제의 인식 및 정의
2단계	계획의 수립
3단계	가치의 명료화
4단계	대안의 모색
5단계	결과 예측
6단계	대안의 순차적 배제
7단계	실 행

▲ 크롬볼츠(Krumboltz) 의사결정 7단계

　예를 들면, 자신의 진로에 대해 고민하고 있는 학생이 의사결정 7단계를 적용하여 진로결정한 사례를 살펴본다.

🌱 진로의사결정 사례

단 계	내 용
문제의 인식 및 정의	진로 고민
계획의 수립	취업 / 진학 / 공무원 중 택일
가치의 명료화	가치명료화(직업 · 적성)
대안의 모색	취업 / 공무원 선택
결과 예측	장단점, 비용, 성공가능성
대안의 체계적 배제	비교평가 후 하나씩 배제시킴.
실행	실천

05 정보화 과정

　최근 기존의 데이터 관리 및 분석으로는 파악할 수 없는 것들을 막대한 양의 빅데이터(Big Data)를 활용하여 분석하는 기법이 가속화되고 있다.

　예를 들면, 소비자 욕구를 파악하기 위해 과거에는 소비자에게 직접 물어보거나(설문방식), 어디에서 얼마를 구매했는지를 (전산)데이터를 수집·분석하여 마케팅 전략에 활용하였으나, 최근에는 빅데이터를 활용하여 고객의 욕구 파악은 물론 고객들이 어떤 구매행동을 할 것인가를 미리 예측하여 효과적인 맞춤형 전략을 시행하고 있다. 나아가 제반 인사관리의 프로세스를 혁신적으로 바꾸는 등 모든 분야에 확대 적용하고 있다.

　마찬가지로 자신의 진로선택, 인생설계 같은 중요한 결정이나 생활 속에서 일상적인 결정을 할 때에도 합리적·체계적으로 하기 위해서는 수많은 정보 중에서 의사결정에 필요한 정보를 선택적으로 수집·분석해서 활용하는 능력이 필요하다. 즉, 합리적인 의사결정을 하기 위해서는 결정과 관련 있는 계량화[39]된 자료를 어떻게 선별·분석하여 의사결정의 유용성을 높이느냐가 관건이다.

39) 계량화 : 어떤 사실이나 현상을 관찰, 조사, 실험, 모의상황 등을 통해 숫자화함으로써 가능한 한 객관적이고 과학적인 결과로 파악 이해하려는 노력

1. 정보의 개념

　정보란 어떤 대상이나 상황을 관찰이나 측정을 통하여 수집한 자료를 실제 문제에 도움이 될 수 있도록 정리한 지식이나 그 자료를 말한다. 우리는 정보의 홍수 속에 살고 있다. 그러나 수많은 정보 중에서 자신의 목적이나 문제해결에 필요한 정보를 어디서, 어떻게 수집할 것인가 또한 그것을 자신의 목적에 맞게 어떻게 분석·가공하여 의미 있고 가치 있는 정보로 만들

것인가가 무엇보다 중요하다. 따라서 정보화시대에는 다양한 정보를 수집하고 다룰 수 있는 능력이 요구된다.

정보의 가치를 판단하는 기준에는 기본적으로 정보의 질과 양 그리고 타이밍이 중요하다. 그 이외에도

첫째, 정보의 정확성이다. 의사결정의 결정력을 높이고 오류를 최소화하기 위해서는 필요한 정보를 언제, 어디서 수집하느냐가 중요하다.

둘째, 정보가 필요로 하는 목적이나 상황에 맞게 얼마나 적절히 제공되는 가이다. 아무리 많은 정보라 하더라도 나의 목적에 부합하지 않거나 필요하지 않은 정보는 무의미하다.

셋째, 정보란 필요한 시기에 맞추어 적절하게 제공되어야 한다. 아무리 좋은 정보라도 의사결정 후에 얻을 수 있는 정보라면 무슨 의미가 있겠는가?

넷째, 정보는 장비의 결합과 가공에 의해 새로운 정보의 창출이 가능해야 한다. 즉 정보화 능력[40]이 있어야 한다.

40) 정보화 : 의미 있는 정보, 가치 있는 정보로 만들어 내는 능력

따라서 진로탐색이나 직업을 선택하는 데 있어서 정보를 수집해서 활용해야하며, 합리적인 의사결정은 정보화능력이 필수적이다.

2. 직업정보의 특징

정보화 사회로 진입하면서 직업정보의 분석과 제공은 어려운 과제로 대두되었다. 직업정보의 수집 · 분석 과정을 살펴보면 일반적인 정보화 과정과 유사하지만 다음과 같은 특징이 있다.

첫째, 직업정보는 채용조건, 근무조건, 보상, 승진 등을 포함한 직위, 직

무, 직업 등에 관한 유용하고 타당한 정보로서 직업을 선택하고자 하는 사람들에게 유용하게 활용된다.

둘째, 직업정보는 구직자에게 노동시간 및 노동력에 관한 정보, 자격 및 훈련정보, 취업정보, 구인업체에 대한 자세한 정보를 제공하여 구직 자들이 올바르게 진로를 결정하고, 잘못된 직업선택에 따른 개인적, 사회적 비용을 최소화한다. 또한 평생직장 개념이 사라지고 직장이 동이 활발해지고 있어 실업의 장기화를 예방할 수 있다.

셋째, 직업을 결정하는 단계에서는 직업탐색과 지식의 습득, 그리고 최종 적인 행동으로 나타날 때까지의 단계마다 적절한 정보가 필요하다. 따라서 직업정보는 적절한 시간에 적합한 정보가 개인 및 조직에게 유통되어야 한다.

3. 정보처리과정

정보의 수집 · 분석 과정을 단계별로 살펴보면 다음과 같다.

(1) 1단계 정보의 수집

정보를 수집하기 전에 명확한 목표설정 후 계획적으로 수집하는 것이 바 람직하다. 정보는 주로 공신력 있는 기관에서 제공하는 최근 자료부터 수집 하는 것이 유리하다. 정보를 수집할 때에는 다양한 경로와 도구를 사용하고 자료출처, 저자, 발행연도, 수집일자 등을 기록하여 공신력과 유용성을 높 여야 한다.

예를 들면, 정보 수집방법에는 인터넷, 통계청, 공공기관, 연구소, 상담, 기존자료조사, 현장방문조사 등이 있다.

(2) 2단계 정보의 분석

2단계는 수집된 정보를 사용목적에 맞게 분류한다. 사용목적에 맞게 분류된 정보를 비교·분석하는 과정이다. 이때 수집된 정보는 전문적인 시각에서 오래되거나 불필요한 자료는 버리고 목적이나 문제해결에 필요한 자료만 선별한다. 컴퓨터를 이용하여 다각적인 분석을 통해 선택의 폭을 넓힌다.

(3) 3단계 정보 가공 및 정보화

가장 중요한 단계라고 볼 수 있다. 사용목적에 맞게 재편집하여 정보로서의 활용가치를 높이는 단계이다. 즉, 수집된 정보를 적절한 형태로 제공하여 자신의 진로결정이나 문제를 해결할 수 있는 의미 있는 정보, 가치 있는 정보로 가공하는 단계이다. 이러한 정보화능력이 필요하다. 또한 이용자 수준에 맞는 언어로 가공하고 장단점을 편견 없이 제공하고 표준화된 정보도구로 활용하며 시청각 효과를 부가한다.

(4) 4단계 정보의 활용

사용목적에 부합하는 정보의 형태, 내용, 시간 등을 효과적으로 제공하는 과정이다. 정보 이용자의 목적에 맞게 가공하고 직업정보의 생산과정을 공개하여 정보의 유용성을 높인다.

(5) 5단계 정보의 평가

마지막 단계로 정보로서의 가치가 있었는지, 목적에 맞게 활용되었는지를 평가하는 과정이다. 또는 미래의 정보를 예측하기 위해 그 결과를 평가하고 축적하는 과정이다. 이를 위해 정보의 정확성, 신뢰성, 효용성을 높여야 한다.

1단계   정보의 수집

2단계   정보의 분석

3단계   정보 가공 및 정보화

4단계   정보의 활용

5단계   정보의 평가

▲ 정보처리과정

정보처리과정

단계별	핵심내용
정보의 수집	의사결정에 필요한 정보를 수집하는 단계이다. 다양한 정보채널과 신뢰성 있는 정보원천에서 정보를 수집한다. 또한 필요한 시점에서 최근의 자료부터 수집한다.
정보의 분석	수집된 정보를 사용목적이나 내용의 성격에 맞게 분류한다. 사용목적에 맞게 분류된 정보를 다각적으로 비교·분석하는 과정이다.
정보 가공 및 정보화	사용목적에 맞게 재편집하여 정보로서의 활용가치를 높이는 단계이다. 즉, 의미 있는 정보, 가치 있는 정보, 목적에 부합하는 정보로 재창출하는 과정이다.
정보의 활용	가공된 정보는 사용목적에 부합하는 정보의 형태로 내용을 편집하고 제공시간 등을 고려하여 효과적으로 제공하는 과정이다. 이를 이용목적에 따라 활용하는 단계이다.
정보의 평가	분석·가공된 정보를 활용하여 미래결과를 예측할 수 있어야 한다. 이러한 정보를 활용하여 목표를 세우고 실행한 후 그 결과를 평가하고 축적하는 과정이다.

Self-examination & Future plans

(전공 :　　　　　학번 :　　　　　성명 :　　　　　　)

1. 지금까지 살아오면서 경험한 의사결정 사례를 정리해 보세요.

질문	고려요인	느낀 점
(대학) 진학결정시 고려했던 것은?		
대학교 선택시 고려했던 것은?		
기타 중요한 결정 경험은?		

2. 향후 자신의 의사결정에 대하여 생각해 보세요.

질 문	진로/고려요인	이 유
향후 진로는? (취업, 대학원, 기타)		
진로결정시 고려요인은?		

3. 합리적인 의사결정 과정을 통해 자신의 진로를 간략하게 설계해 보세요(4번과 연계하여 작성).

단 계	내 용
문제정의	
계획수립	
가치명료화	
대안모색	
결과예측	
대안의 체계적 배제	
행동수행	

작성요령 → 문제인식 : 진로고민, 계획 : 취업/진학/공무원 중 택일, 가치명료화 : 직업 · 적성, 대안모색 : 취업/공무원 선택, 결과예측 : 장 · 단점, 비용, 성공가능성, 대안의 체계적 배제 : 비교평가 후 하나씩 배제시킴, 행동수행 : 실천

4. 자신이 희망하는 직업을 순서대로 적고 각 평가기준에 따라 평가하고 합계를 내
   보세요(각 항목의 만족도 : 10점 만점).

평가기준　　　　희망직업	가중치(100)	직업 1	직업 2	직업 3
보 수				
안정성				
사회적 평판(인지도)				
장래성 및 발전가능성				
근무환경 및 근무조건				
사회기여도 및 보람				
전체 평가점수				

작성요령 : 여러 가지 평가기준 중에 일부 항목이 기준에 못 미쳐도 나머지 항목들이 보완되어 채택되는 방식이다. 예를 들어, 보수는 좋은데 사회기여도 및 보람은 낮더라도 합계점수가 높다면 채택할 수 있다. 그러나 지나치게 점수가 낮다면 채택 여부를 고려해야 한다.

Chapter 11

목표설정 및 실행

Chapter 11 목표설정 및 실행

이 장에서는 목표의 방향, 목표설정, 장기목표와 단기목표, 실행계획 및 관리, 진로장벽 및 극복과정에 대해서 학습한다. 꿈을 실현하기 위해서는 처음부터 너무 무리한 목표를 세우지 말고 성취하기 쉬운 작은 목표부터 시작하자. 일단 작은 열매를 따먹어 보자.

그리고 목표를 추진하는 과정에서 반드시 장애가 나타난다. 이를 어떻게 인식하고 극복할 것인가에 대해서도 학습한다. 자신의 잠재능력에 비해 작은 목표를 이루는 것은 진정한 의미에서 꿈을 이뤘다고 볼 수 없다.

Key Word : 목표설정, 장기목표, 단기목표, 실행관리, 진로장벽 및 극복과정

01 목표설정의 중요성

저자는 가끔 어린 시절을 회상하곤 한다. 돌이켜보면 젊은 시절에 "인생을 어떻게 살아야 되지?"에 대한 답을 찾았다면 지금과 전혀 다른 삶을 살지 않았을까? 하는 엉뚱한 생각을 해본다. 그러나 결코 후회할 필요는 없는 것이다. 나와 함께한 지난 삶은 다 소중한 것이며, 그러한 과정이 있었기에 오늘의 내가 있는 것이다. 요즘은 자신의 진로나 인생설계에 대해 생각할 기회가 너무나 많다. 이러한 기회를 스스로 저버리지 말아야 한다.

누구에게나 꿈이 있다. 이를 바탕으로 자신의 진로에 대한 장기목표와 단기목표를 세우고 이를 실행하기 위한 계획을 세운다. 그리고 목표를 세우는 일 못지않게 중요한 것이 실행하는 일인데 이를 체계적으로 관리해 나가는

과정이 필요하다. 아무리 훌륭한 목표를 세웠다 하더라도 철저한 실행이 따르지 않는다면 어떤 꿈도 이루기 어렵다. 따라서 목표를 세우고 성공가능성을 높이기 위해서는 구체적인 단기목표를 설정하고 실천하는 것이 중요하다. 대개 단기목표는 1년 이하, 중기목표는 2~4년 정도, 장기목표는 5년 이상을 의미한다.

예를 들면, 인생의 목표를 정하는 것이 자신의 삶에 큰 변화를 준다는 것을 잘 알고 있지만, 대부분의 사람들은 목표를 어떻게 설정하는지 잘 모르기 때문에 실제로 목표를 설정하는 사람은 드물다. 대개 "행복해지고 싶다.", "성공하고 싶다.", "화목한 가정을 이루고 싶다."와 같이 추상적인 목표를 설정한다. 그러나 목표는 명확하고 구체적이어야 하며 다른 사람들에게 언제든지 쉽게 설명할 수 있고 성공 여부를 측정할 수 있어야 한다.

기업조직의 관점에서 살펴보면, 목표는 조직이 달성하고자 하는 바람직한 장래의 상태를 말한다. 목표가 없는 조직은 조직이라고 볼 수 없다. 조직이라는 것은 구성원들이 공동의 목표를 달성하기 위해 모인 집단이기 때문이다. 조직의 목표는 다음과 같이 여러 가지 기능을 한다.

첫째, 목표는 조직이 나아갈 방향을 제시하는 기능을 한다. 즉, 조직의 구성원들로 하여금 장래의 원하는 상태를 이룩할 수 있도록 행동의 지침을 제공한다. 목적지를 찾아가게 해주는 나침판과 같다.

둘째, 목표는 그 조직의 환경으로부터 정당성을 인정받을 수 있는 근거로서의 기능을 한다.

셋째, 목표는 조직 구성원들에게 일체감을 갖도록 할 뿐만 아니라 동기부여의 기능도 수행한다. 즉, 목표를 향해 한 방향으로 정렬하고 통합하여야 목표를 달성할 수 있다.

넷째, 목표는 효과성을 평가하는 척도로서의 기능을 한다. 여기서 효과성이란 조직이 여러 과정을 통하여 목표를 달성하는 정도를 말한다.

그러나 조직의 목표는 관리자의 태도 변화, 권력구조의 변화, 조직 구성원들의 성향 변화 등 내적 요인과 기업을 둘러싸고 있는 환경 변화(정치·경제·사회·법률)와 같은 외적 요인에 의해서 변화한다.

조직에서 가장 바람직한 것은 구성원이 스스로 목표를 찾거나 목표설정 과정에 종업원을 참여시켜 목표에 대한 책임감을 높이고 동기를 유발하는 것이다.

▲ 목표과정관리

02 장기목표와 단기목표

1. 장기목표

앨버트 그레이^(Albert Gray)는 성공한 사람들의 성격 특성을 분석하였다. 분석결과 성공한 사람들은 실패하는 사람들이 싫어하거나 회피하는 일을 기꺼이 한다는 것이다. 즉, 성공한 사람들은 실패하는 사람들과 마찬가지로 그런 일을 하기 싫어하지만 목표를 세우고 도전한다면 극복할 수 있다고 믿는다는 것이다.

성공이란 무엇일까? 어디까지가 성공일까? 하루의 자그마한 성공, 그 자그마한 성공이 모여 한 주의 성공, 한 달의 성공, 1년의 성공, 3년, 5년, 10년 … 이렇듯, 작은 성공의 단계가 있어야 하지 않을까? 우리는 이런 과정 속에서의 무수히 많은 작은 성공들을 찾아보기보다는 한꺼번에 큰 대박의 성공만을 인정하는 것은 아닐까?

농부가 가을에 원하는 수확물을 얻고자 정성스레 씨앗을 준비하고, 밭을 고르고, 설레는 마음으로 봄을 기다렸다가 가장 적절한 시기에 파종을 하듯이 진로설계도 마찬가지라고 생각한다. 1년 농사를 성공하기 위해 농부가 한겨울 동안 정성스레 준비하고, 가꾸듯이, 그 뜨겁고 힘겨운 여름날을 이겨나가듯이…

자신의 꿈을 실현하기 위해서는 장기목표를 세워야 한다. 이를 바탕으로 구체적인 단기목표와 이를 실행하기 위한 실행계획을 세우고 실행하는 과정이 필요하다. 이러한 탐색과정을 통해^(설사 체계적으로 탐색하지는 못할지라도) 자기확신이나 자아효능감⁴¹⁾을 증대시킬 수 있다.

목표를 설정하는 것이 얼마나 중요한지 연구결과를 보면 쉽게 알 수 있

41) 자아효능감 : 특정한 문제를 자신의 능력으로 해결할 수 있다는 자기 자신에 대한 신념이나 기대감이다. 높은 자기효능감은 과제에 대한 집중과 지속성을 통하여 성취 수준을 높일 수 있다. 그 결과 긍정적인 자아상(self-image)을 형성하는 데 도움이 된다.

다. 1953년 예일대학교에서 졸업반 학생들을 대상으로 조사하였다. "여러분들은 확고한 삶의 목표가 있습니까?" 라고 질문을 하였다. 조사결과에 졸업생의 13%만이 목표를 세웠다고 응답하였고, 60%는 목표가 있지만 그것을 직접 기록하지는 않았고, 나머지 27%는 구체적인 목표가 전혀 없다고 답하였다.

20년 후에 그들을 대상으로 다시 조사를 하였다. 조사결과 대학시절 목표가 있었던 13%는 목표가 전혀 없었던 87% 학생들이 축적한 재산보다 훨씬 더 많았다고 한다. 이들 간에는 학력, 재능 면에서 차이가 없었음에도 불구하고 학창시절 목표를 세웠느냐, 그렇지 않느냐에 따라 재산, 소득 등의 격차가 10배 이상이 났다.

이를 통해 그들이 언제, 어떤 목표를 세웠는가, 그에 따른 결과가 어땠는가를 분석해 봄으로써 자신의 목표를 설정하는데 타산지석[42]으로 삼아야 한다.

따라서 개인의 목표는 자신의 욕구, 가치관, 경험에서 생기는 고유한 것이기 때문에 자신의 강점이나 능력을 정확히 평가하여 목표를 세우는 것이 바람직하다. 장기목표는 우리가 최종적으로 도착하고자 하는 목적지와도 같다. 목적지에 잘 도착하기 위해서는 제대로 된 인생설계나 진로선택이 무엇보다 중요하다. 이것이 목적지를 잘 찾아가게 해주는 나침판이자 등대와 같은 역할을 할 것이다.

42) 타산지석 : 다른 산에서 나는 거칠고 나쁜 돌이라도 숫돌로 쓰면 자기(自己)의 옥을 갈 수 있다는 뜻으로 다른 사람의 하찮은 언행(言行)이라도 자기(自己)의 지덕(智德)을 닦는 데 도움이 됨을 비유하는 말

2. 단기목표

장기목표를 바탕으로 단기목표를 세워야 한다. 즉, 장기목표를 달성하기 위해서는 단기적으로 지금 무엇을, 어떻게 준비할 것인가에 대한 계획을 세워야 한다. 자신의 꿈이 경영자라면 지금 해야 할 일이 무엇인가를 생각해야 한다. 당연히 경영관련 전문지식을 쌓고 필요한 자격증을 취득하고 그와 관련된 경험을 쌓아야 할 것이다. 또한 경영자로서의 자질이나 능력뿐만 아

니라 인간관계능력, 문제해결능력, 의사소통능력 등 수많은 능력을 키워야한다. 이러한 능력은 타고나는 것도 있지만 후천적 학습과정을 통해 얼마든지 극복할 수 있다. 끊임없는 자기계발을 통해서…

이때 주의할 점은 처음부터 목표를 너무 높게 잡으면 중간에 포기할 수 있다. 따라서 성취하기 쉬운 작은 목표를 설정하는 것이 바람직하다. 왜냐하면 작은 결실을 맺어 성공의 열매(성취감)를 따먹어 본 사람은 다음 단계의 목표에 도전하는 데 훨씬 유리하다.

예를 들면, 5단 뜀틀을 넘는다고 가정하자. 처음부터 5단을 넘으려고 시도한다면 1~2번 도전해보고 포기할 것이다. 이는 먼 곳에서 볼 때는 쉽게 넘을 수 있을 것 같지만 뜀틀 가까이 가보면 생각보다 높게 느껴진다. 비록 시간은 더 걸릴지 모르지만 1단부터 시도하여 성공을 맛보고 다음은 2단계에 도전하여 성공하고… 나중에는 5단도 두렵지 않게 된다. 왜냐하면 1~4단계를 넘는 동안 훈련이 되고 또 어려움을 극복하는 과정에서 요령도 생겨 5단을 넘을 수 있는 힘이 생긴다.

목표를 설정하는 기본원칙은 SMART 방식이 정형화되어 있다. 한 학생의 사례를 통해 목표 설정과 실행 과정을 살펴보자.

목표 설정(예시)

과 제	내 용	목 표
S(구체적)	목표는 자신은 물론 다른 사람도 쉽게 알 수 있도록 구체적으로 작성한다.	장학금 혜택을 받겠다는 목표를 설정하고 실행계획을 수립한다.
M(측정 가능)	목표달성 여부, 진척 정도를 측정하여 관리할 수 있도록 계량화한다.	평균 B학점(3.5)을 A학점(4.0)으로 20% 향상시킨다.
A(달성 가능)	자신의 능력을 고려하여 현실적으로 달성 가능한 목표를 설정한다.	현재의 평균 B학점(3.0)을 A학점(4.0)으로 평균 1점 올린다.
R(결과 지향적)	목표를 위해 수행되는 모든 활동과 행동들은 달성할 결과에 초점을 두어야 한다.	평점 1점 향상을 위해서 매일 도서관에서 3시간씩 전공과 교양과목을 예습·복습한다.
T(시간 설정)	목표달성 시간을 설정한다.	기간은 이번 2학기까지로 한다.

03 실행계획 및 관리

1. 실행계획

아무리 훌륭한 계획을 세웠다 하더라도 실행하지 않는다면 무의미한 것이다. 따라서 장·단기 목표를 바탕으로 세부적인 실행계획을 세워야 한다.

실행계획에는 일에 대한 우선순위를 정하고 우선 자신이 할 수 있고, 통제할 수 있는 일에 시간과 에너지를 쏟아야 한다. 연구결과에 따르면 부모의 권유나 압박을 받아 어쩔 수 없이 설정한 목표는 수동적으로 실행하는 반면, 자기 스스로 설정한 목표는 몰입하는 경향이 있다.

예를 들면, 운동선수는 경기에 출전하면서 과거에 이겼던 경기를 마음속에 떠올리면서 기쁨과 만족을 느낀다. 그들은 오늘 경기에서도 잘하리라는 기대를 하고 이를 상상하며 행복해한다. 학생들도 마찬가지이다. 과거 자신이 세웠던 목표를 달성했을 때의 모습을 상상해보라. 이렇게 목표를 시각화하고 끊임없이 자기 자신을 관리해 나가면 목표를 달성하는 데 도움이 된다.

효과적인 목표관리 방법

- 자신의 목표를 명확히 설정하고 실행계획을 구체적으로 세워라.
- 목표수행 과정을 정기적으로 평가하고 잘못된 부분이 있으면 수정하라.
- 목표나 실행계획을 가능하면 공식화 또는 시각화하라.
- 항상 휴대하고 다니면서 자기 자신에게 반복해서 긍정적인 암시를 하라.
- 주변사람들(가족, 친구)에게 자신의 목표를 공표하라.
- 목표가 있는 사람들과 어울리고 작은 꿈일지라도 소중히 여기고 관리하라.

2. 실행관리

실행계획을 바탕으로 실행하는 과정이다. 즉, 행동지침이다. 목표를 실행하는 데 있어서 행동을 촉진하는 요인들을 살펴보면 다음과 같다.

첫째, 내적 동기이다. 이는 자기 자신이 스스로 일으키는 동기로 가장 강력한 동기이다. 외적 동기는 보상, 상벌 등을 이용하는 방법으로 지나치게 사용하면 부작용이 생길 가능성이 있다.

둘째, 자신의 삶과 운명이 무엇에 의해 결정되느냐에 따라 행동이 달라진다. 즉, 자신의 삶을 스스로 통제할 수 있다고 믿느냐(내적통제론자), 아니면 자신의 삶이 타인이나 운명, 상황에 의해 통제를 받는다고 믿느냐(외적 통제론자)에 따라 동기가 달라진다.

이왕이면 자신의 목표를 스스로 정하고 끊임없이 노력한다면 그만큼 성공가능성을 높일 수 있고 또한 어떠한 역경이나 환경에 부딪쳐도 능히 극복할 수 있다.

 실행촉진 사례

단계별 전략	적용사례
실행계획	부족한 체력 강화와 취미활동의 일환으로 테니스 배우기
행동전략	테니스 강습 신청(1년)
행동목표	주 4회 / 1일 30분씩 운동
행동관리	운동 여부를 기록·관리 → 결과에 따라 상·벌(賞·罰)
행동계약	결과에 대한 평가 → 공개적인 확인, 반성, 공표

실행촉진 방법

- 목표를 달성하는 과정에서 지금 당장 실행할 수 있는 것을 찾아 가능한 구체적으로 기술해야 한다.
- 목표를 실행하는 데 익숙한 접근방법을 개발하는 것이다. 이 단계는 자신의 통제 아래 스스로 할 수 있고 즉시 시작할 수 있는 것을 찾아야 한다.
- 실행계획은 바로 알 수 있도록 분명하고 구체적으로 표현되어야 하며, 관찰과 수량화가 가능하고 자신의 통제 안에 있는 것으로 선정해야 한다.
- 구체적인 시간표를 정하여 관리하고 실행상황을 표나 그래프로 기록·관리한다.
- 기록, 관리는 일정기간 동안 지속적으로 한다.
- 자신의 행동을 관리하기 위해 보상과 벌을 사용한다.
- 실행하는 동안에 변화가 있으면 목표를 다시 확인하고 공표한다.

04 진로장벽 및 극복과정

자신의 목표를 실행하는 과정에서 반드시 만나게 되는 것이 진로장벽이다. 특히 진로장벽은 개인이 느끼는 고통의 정도가 다른 문제에 비해 훨씬 크고 개인차가 심하다. 따라서 문제가 무엇인지를 정확하게 이해하고 개인차를 고려하여 극복방법을 찾는 것이 중요하다.

또한 자신의 목표를 달성하기 위해서는 진로장벽을 극복하는 힘을 키워야한다. 진로장벽에 부딪쳤을 때 이를 극복하려는 사람과 피하거나 포기하려는 사람이 있다. 그것을 피할 수 없으면 즐기라는 말이 있다. 고(故) 정주영 회장은 "시련은 있어도 실패는 없다."라는 말을 남겼다. 이는 인간은 어떠한 시련이 닥칠지라도 이겨낼 잠재능력이 있다는 의미일 것이다. 우리 주변에서 온갖 시련을 딛고 당당히 일어섬으로써 크게 성공하는 사람들을 종종 볼 수 있다. 인간은 누구나 이러한 시련을 통해 더 성숙해지고 강해지는 것이다.

어떤 길이든지 성공의 길은 순탄치 않다. 부딪치고 또 부딪치고, 극복하고 또 극복하고… 이러한 능력이야말로 목표를 달성하기 위해 필요한 지적 능력보다 훨씬 더 중요하다. 쉽게 얻을 수 있는 것이라면 이룰 만한 가치가 있겠는가?

1. 진로장벽

진로장벽이란 자신의 진로와 관련하여 목표를 정하고 그것을 실행하는 과정에서 만나게 되는 모든 걸림돌을 말한다. 즉, 자신이 진학, 취업 등의 목표선택이나 목표를 수행하는 과정에 부정적인 영향을 미치거나 역할행동을 방해하는 부정적인 것을 말한다. 예를 들면, 자기 스스로 동기를 찾지 못해 혼란스러워 하거나 성공에 대한 불안감, 그리고 사랑하는 사람과의 이별, 부모님의 죽음, 질병, 교통사고 등과 같은 환경적 사건으로 인하여 극심한 스트레스와 좌절을 겪는다.

이렇듯 누구든지 목표를 수행하는 과정에서 겪게 되는 사소한 문제부터 감당하기 어려운 큰 문제에 이르기까지 수많은 시련을 만나게 된다. 이러한 진로장벽을 극복하기 위한 진단방법도 지속적으로 발전해왔다. 파머(Famer)는 진로장벽을 내적 장벽과 외적 장벽으로 분류하였다. 즉, 자아개념, 가치관, 성취 같은 개인특성과 관련된 내적요인과 환경과 사건 등과 관련된 외적 요인으로 구분하였다. 이 분류방법은 단순하고 명확하다는 장점이 있지만 현실적으로 내적 · 외적 장벽으로는 명확하게 분류하기 어려운 성 고정관념 같은 것을 포함하지 못하는 한계가 있다.

최근에는 진로장벽을 2가지 요인으로 분류하는 것이 아니라, 학생들이 실제로 지각하는 진로장벽을 다양한 유형으로 분류하여 연구하고 있다. 예를 들면, 김은영(2010)은 남녀 대학생을 대상으로 한국대학생 진로탐색 장애검사(KCBI: Korean Career Barrier Inventory)를 개발하였다. 측정도구는 대인관계 어려움, 자기명확성 부족, 경제적 어려움, 중요한 타인과의 갈등, 직업정보 부족, 나이문제, 신체적 열등감, 흥미부족, 미래불안 등 총 9가지 진로장벽으로 구분하였다. 이와 같이 다양한 측정변수를 사용하여 다각적으로 진단하는 기법들이 개발되고 있다.

2. 극복과정

학생들이 진로를 선택하거나 목표를 수행하는 과정에서 반드시 만나게 되는 것이 진로장벽인데, 자신의 꿈을 실현하기 위해서는 이것을 극복하는 힘이 있어야 한다. 진로장벽의 극복과정을 살펴보면 '문제인식 및 정의, 대안의 개발, 대안의 평가, 선택, 실행, 평가' 순으로 이루어진다.

| 문제인식 및 정의 | 대안의 개발 | 대안의 평가 | 선택 | 실행 | 평가 |

▲ 진로장벽 극복과정

(1) 문제인식 및 정의

극복과정의 첫 단계는 자신에게 어떤 문제가 있다는 것을 알아차리고 인정하는 것이다. 그것이 없이는 개선의 여지는 없다. 실제로 많은 학생들은 자신의 문제가 무엇인지조차 모르고 있거나 좌절감을 느끼거나 다른 무엇인가를 탓하면서 문제를 회피하는 경향이 있다. 따라서 이것에 대한 이해와 인식을 높이는 것이 필요하고 어떤 문제이든 장벽을 극복하는 주체는 자기 자신이라는 것을 분명히 알아야 한다.

그 다음으로는 문제를 정의하는 일이다. 실제로 장벽을 극복하는 데 실패하는 이유는 문제를 정확하게 정의하지 못하기 때문이다. 즉, 문제의 원인을 정확하게 진단하는 것이 핵심이다. 따라서 자신이 겪고 있는 진로장벽의 원인을 개인특성과 외부환경으로 분류하고, 이에 대한 원인을 객관적·합리적으로 파악하여 평가해야 한다. 너무 성급하게 문제를 판단하거나 제한된 정보만을 근거로 문제를 정의하면 실패할 가능성이 높다. 또한 진로장벽의 원인과 목표 간에는 상호 영향을 주고받는 인과관계가 성립되어야 한다. 즉, 원인변수와 결과변수 간의 관계(변수 간 관련성, 영향의 정도)를 제대로 파악하여 문제를 정의했을 때 효과적인 해결방안을 찾을 수 있다.

(2) 대안의 개발

장벽극복을 위한 대안을 개발하기 위해서는 가능한 모든 대안을 포괄적

이고 유연하게 탐색해야 한다. 즉, 창의적으로 새로운 방법을 개발하여 효과적·효율적으로 문제를 해결해야 한다(경계 : 과거에 사용했던 해결방법을 사용하여 쉽게 해결하려는 경향). 과거에 사용했던 방법은 시간의 흐름과 상황변화를 제대로 반영하지 못하는 한계가 있다. 이를 간과하면 문제해결이 비효율적이거나 어려울 수 있다.

(3) 대안의 평가

여러 가지 대안들을 비교·평가하는 가장 중요한 과정이다. 즉, 장벽극복에 대한 예상결과, 시간, 비용, 위험성, 효과성, 효율성, 성공가능성 등을 분석·검토하는 것이다. 이는 성공적인 문제해결에 큰 영향을 줄 것이다.

(4) 선 택

네 번째 단계는 여러 가지 극복방안 중에서 효과성·효율성을 고려하여 최적의 대안을 선택하는 의사결정이다.

(5) 실 행

아무리 훌륭한 방법이라 하더라도 실행하지 않으면 무의미하다. 효과적으로 실행하려면 우선 자신의 확고한 의지를 주변사람들에게 공표하고 철저한 실행계획과 행동지침을 마련해야 한다. 그리고 실행계획의 진행사항을 확인할 수 있는 점검표를 만들어 이를 관리해야 한다.

(6) 평 가

마지막 단계로 극복계획이 실제로 어떤 결과로 나타났는지를 평가·확인

하는 단계이다. 그러한 평가를 적극적으로 수용하여 현재의 결정을 변경하거나 다음의 의사결정 과정에 반영할 필요가 있다.

결론적으로 자신의 목표를 달성하기 위해서는 이러한 진로장벽에 좌절하지 않고 이를 극복하는 힘을 길러야 한다. 이는 목표를 달성하기 위하여 갖추어야 할 지적인 능력보다 훨씬 더 중요한 의미를 가진다.

"세상 모든 일에는 반드시 대가를 치른다."라는 말이 있듯이, 어떠한 목표든지 반드시 그에 상응하는 노력과 희생이 필요한 것이다. 또한 인간은 어떠한 장벽이라도 극복할 수 있는 잠재능력이 있다. 이러한 장벽도 우리 삶의 한 부분이다. 아무리 훌륭한 계획이라 하더라도 예상하지 못한 문제나 돌발상황은 늘 발생한다. 그것을 유연하게 받아들이고 반드시 극복해야만 자신이 원하는 목표를 달성할 수 있다.

장벽 극복과 좌절 사례(꿈 : 가수)

많은 청소년들이 가수를 꿈꾼다. 가수가 되면 TV에 출연하여 마음껏 노래하고 춤추고… 돈도 많이 벌고 많은 사람들로부터 사랑과 박수갈채를 받는다.

나도 가수가 되고 싶다. 이러한 꿈은 누구나 꿀 수 있다. 그러나 시작하자마자 두 부류로 나눠진다. 한 부류(대부분)는 시작한지 얼마 안돼서 꿈을 접는다. 다른 한 부류(극히 일부)는 어려움을 견뎌내며 꿈을 키운다.

〈포기하는 사람〉

그야말로 겉으로 보여지는 멋진 모습만 보고 선택한 것이다. 즉, 희망사항이다. 그러기 때문에 혹독한 훈련과정, 하루에 몇 시간씩 반복되는 연습 또 연습… 수많은 시행착오… 산 넘어 산이다. 견뎌낼 재간이 없는 것이다.

〈성공하는 사람〉

자신이 너무나 하고 싶은 일이기에 열정이 있고 그 분야에서 성공하겠다는 목표가 명확하기 때문에 어떤 어려움이 닥치더라도 이를 극복하는 힘이 생기는 것이다. 그렇다고 가수가 되는 전 과정이 힘든 것만은 아니다. 한 고비 한 고비 넘길 때마다 성공(성취감)이라는 작은 열매를 맛보게 된다.

성공이라는 열매는 이런 것이다. 따먹을 때는 달콤하지만 정상에 우뚝 서기까지는 얼마나 피나는 노력과 뼈를 깎는 고통이 따르는지 모른다. 이것을 극복하는 자만이 정상에 우뚝 설 수 있는 것이며 그 결실 또한 값진 것이다. 그때서야 비로소 많은 사람들로부터 사랑을 받을 자격이 생기고 누릴 수 있는 권한이 주어지는 것이다.

세상 모든 일에는 그에 상응하는 대가를 치른다. 공짜는 없다는 말이다.

우리네 인생사도 마찬가지이다. 행복과 성공을 맛보려면 도전하고 또 도전하고… 극복하고 또 극복해야만 한다. 그러기 위해서는 주도적인 삶을 통해 진정한 삶의 주인이 되어야 한다.

영화 최종병기 활<주연 : 박해일, 류승룡>

날아오는 방향을 예측할 수 없는 곡사를 사용하는 남이와 무시무시한 파괴력을 가진 육량시를 사용하는 쥬신타, 가장 소중한 것을 지키기 위한 사상 최대 활의 전쟁을 시작한다.

명대사

류승룡: 〈활을 겨누고 있는 박해일에게〉 지금 바람을 계산하고 있느냐?
박해일: 〈활을 쏘고 난 후 류승룡이 쓰러지는 것을 보면서〉 바람은 계산하는 것이 아니라 극복하는 것이다.

공대 여학생의 진로지도 사례

최근 국내 공학 전공 여성 인력이 급증하고 있으나, 취업은 동일 전공 남성에 비해 매우 열악한 상황이다.

성역할에 대한 고정관념이 완화됨에 따라 전통적으로 남성 위주의 영역이라고 여겨졌던 공학분야에 여성의 유입이 지속적으로 증가하고 있다. 그러나 공학 분야로 진출하는 여성에 대한 교육을 어떻게 해야 할 것인지에 대한 관심은 여전히 저조한 상태로 머물러 있고, 이는 졸업 후 전공 분야로 진출하는 비율에 있어 여성이 남성에 비해 10% 이상 낮은 결과로 이어지고 있다.

여성 과학기술 인력의 활용 정도가 국가 경쟁력을 좌우하게 될 것이라는 것이 일반적으로 받아들여지고 있는 상황에서 이러한 현상을 방치할 수는 없으며 시급히 그 해결책을 모색해야 할 것이다.

공대 여학생의 심리적 특성을 보면, 진로장벽의 심리적 요인들로 전공에 대한 열망, 전공 관련 자기효능감 등이 다중역할 자기효능감, 전공 만족도 등이 크게 여성 공학도의 심리적 특성에 초점을 두기보다는 교육과정이나 공과대학 지원동기, 전공에 대한 정체감 등이 진로장벽이 될 수 있다.

전공에 대한 열망은 특정 경력과 그에 따른 행위 과정에 감정적, 인지적으로 강하게 몰입한 상태를 의미하는 것으로, 이는 전공 분야에 대한 애착을 가지고 있으며 전공과 관련된 경력을 선택할 가능성이 높다. 자기효능감은 주어진 과제나 행동을 성공적으로 수행할 수 있는 자기능력에 대한 신념을 의미한다. 자기효능감이 낮은 여성은 진로결정을 지연하거나, 회피하고 또는 포기하는 경향을 보이며, 선택 전에 제한되거나, 능력을 발휘하지 못하는 직업환경 또는 직업적 성취로 인한 보상이 남성에 비해 차별되는 환경 속에서 여성의 자기효능감은 낮아지게 된다.

이러한 취업관련 자기효능감은 특히, 수학이나 과학 분야의 여성에서 더 낮게 나타난다. 공대 여학생의 전공관련 심리적 특성은 이들을 둘러싼 학교생활, 즉 교육환경에 대한 여학생들의 지각과 직결돼 이후 진로결정을 하는 데 중요한 요인이 될 수 있다.

특히 공학분야 에서는 여성 친화적인 수업방식이나 지도에 영향을 받을 뿐 아니라, 교수로부터 얼마나 지지를 받고 있다고 지각하는지 등을 통해 교수와의 관계에 대한 만족을 느끼고 이것이 실제 진로결정에 주요한 역할을 하게 한다.

이러한 대학 내에서의 경험은 여학생들의 전공에 대한 만족과 자신감 등을 높이거나 떨어뜨릴 수 있으며, 결국 전공 분야 진출의욕에 영향을 미치는 주요 요인이 될 수 있다. 또한 여학생들의 전공 분야 진출회피가 학업능력이나 전공관련 기술의 부족보다는 사회의 편견이나 주위의 낮은 성인지적 태도와도 관련돼 있다.

출처 : webmaster@ccdn.co.kr.

Self-examination & Future plans

(전공 :   학번 :   성명 :   )

1. 자신의 진로나 인생의 목표를 설정하고 구체적인 실행계획을 세워 보세요.

장기목표	단기목표	실행계획	실행관리

작성요령 → 장기목표 : 최종적으로 이루고자 하는 꿈 / 단기목표 : 장기목표를 바탕으로 구체적 목표설정 / 실행계획 : 실행계획서 / 실행관리 : 실질적인 행동지침

2. 자신의 목표를 정할 때 영향을 준 사건이나 경험 그리고 사람이 있으면 정리해 보세요.

구분	내용
사 건	
경 험	
사 람	
기 타	

3. 지금까지 진로장벽을 경험했거나 향후 예상되는 진로장벽이 있으면 정리해보세요.

구 분	진로장벽	느낀 점 / 극복방안
과 거		
미 래		

작성요령 → 과거 : 지금까지 경험한 진로장벽과 느낀 점, 미래 : 향후 예상되는 진로장벽 / 극복방안

4. 진로계획 세우기(학기 말 작성)

❶ 학년별 진로계획

구 분	단기목표	실행계획
저학년		
고학년		

작성요령 : 학년별 단기목표를 설정하고 그것을 실행하기 위한 계획을 수립한다.
학기 초에 작성한 진로계획과 비교하여 평가해본다.

❷ 진로계획 수립시 느낀 점 / 애로사항

PART

O3

취업준비

Chapter 12

취업 및
준비과정

Chapter 12 취업 및 준비과정

이 장에서는 노동시장의 동향을 파악하고 직업과 관련된 정보를 어디서, 어떻게 탐색하는지를 살펴본다. 많은 기관에서 진로나 취업정보를 제공하고 있으나 자신이 필요로 하는 산업과 기업에 대한 정확하고 다양한 정보를 얻을 수 있는 곳을 선택하는 것이 중요하다. 따라서 이 장에서 소개되는 접근방법들이 실질적으로 진로나 취업을 준비하는 학생들에게 많은 도움이 될 것이다.

Key Word : 노동시장, 직업정보탐색, 취업준비

전경련 조사결과에 따르면 "취업에 실패한다면 어떻게 할 것인가?"라는 향후계획을 묻는 질문에서 원하는 기업에 취업할 때까지 재도전한다. 45.5%, 눈높이를 낮춰 하향 지원한다. 34.8%, 대학원 진학을 고려한다. 8.8% 순으로 응답하였다. 대부분 불가피한 선택이겠지만 일부 학생들은 진로탐색이나 취업준비가 늦은 것도 하나의 원인일 것이다.

따라서 자신의 진로탐색을 보다 일찍 시작하는 것이 모든 면에서 유리하다. 평소에 노동시장 동향, 직업정보탐색, 취업준비 등에 관심을 가져야 한다.

01 노동시장 동향

노동시장의 변화를 살펴보면 다음과 같다.

첫째, 경제가 성장함에 따라 산업구조도 바뀌고 취업구조도 바뀌고 있다. 우리나라는 1960년대 광공업 취업자는 전체 취업자의 10% 미만이었으나, 1990년대에는 25%를 넘어섰다. 최근에는 사회간접자본 및 서비스업의 취업 비중이 같은 기간 동안 거의 배로 증가하였다. 앞으로는 서비스산업, 정보지식산업, 금융산업이 더욱 성장할 것으로 예상되므로 이러한 취업구조의 변화에 맞춰 취업자들도 이러한 산업과 관련된 전문지식, 기술, 기능을 갖춰야 한다.

둘째, 사회구조적 측면에서 살펴보면 청년층의 취업경쟁은 노동시장의 노동수요와 교육시장의 공급 사이의 불일치로 질적인 수급불균형에 일차적 원인이 있다. 우리나라의 경우 단기간에 급속히 고등교육이 확대되면서 고학력층의 노동공급 증가가 노동시장의 고학력 인력수요에 비해 빠르게 진행되었고 그 과정에서 불균형이 심화되었다.

셋째, 기업이 요구하는 인재상이 바뀌고 있다. 기업들은 무한경쟁시대로 접어들었다. 기업이 치열한 경쟁 속에서 살아남기 위해서는 경쟁사보다 부가가치가 높은 새로운 것을 창조하거나 당면 문제를 효율적으로 해결할 수 있는 인재를 뽑아 경쟁력을 갖춰야 한다. 따라서 해당 직무를 가장 잘 수행할 수 있는 자격과 능력을 갖춘 사람, 즉 전문지식과 SPEC^(직무에 필요한 자격) 그리고 해당 분야에 다양한 경험이 있는 사람을 원한다.

또한 문제해결능력이 탁월한 사람, 즉 기업 간 경쟁이 날이 갈수록 치열해지고 그 과정에서 수많은 문제가 발생되는데 이를 창의적인 방법으로 해결할 능력을 갖춘 사람을 원한다. 최근에는 인성을 갖춘 사람, 즉 성품이 온화하고 반듯하여 타인을 잘 이해하고 협력하면서 조직에 잘 적응하는 사람을 원한다.

넷째, 기업들의 채용관행도 변화하고 있다. 과거에는 신입사원 위주의 공개채용방식에서 이제는 바로 실무에 투입할 수 있는 경력사원을 수시로 채용하고 있다. 왜냐하면 신입사원 재교육 기간 및 비용이 평균 19.5개월, 약 6천만 원이 발생한다. 즉, 신입사원은 훈련을 시켜야만 업무효율을 기대할 수 있기 때문에 단기성과를 기대하기 어렵다. 기업 규모별로 살펴보면 대기업(300인 이상)의 신입사원 1인당 평균 재교육 기간(27.2개월)과 비용(1억 147만원)이 발생한다. 이는 중소기업의 교육기간(14.9개월)과 비용(4,118만원)에 비해 시간과 비용이 훨씬 더 많이 지불되고 있음을 의미한다.

다섯째, 치열해지는 입사전쟁이다. 대기업이나 공사, 공무원 등 이른바 "괜찮은 일자리"에 대한 입사경쟁은 날이 갈수록 치열해지고 있다. 대기업은 입사경쟁률이 100 : 1을 넘는 경우가 보통이고 300 : 1을 넘어가는 사례도 자주 발생되어 그야말로 "취업전쟁"시대이다. 일종의 쏠림현상이다.

여섯째, 직업세계의 변화이다. 인구통계학적 변화, 사회 · 문화적 변화, 소비자의 욕구변화, 인터넷 환경을 이용한 유통채널이 확대되고 있다. 즉, 여행 · 레저, 문화, 택배, 쇼핑몰 같은 산업이 성장할 것이다. 또한 1인창업, 무점포창업, 가업승계 및 창업 같은 소자본창업도 관심대상이다.

일곱째, 글로벌 관점에서 살펴보면 기업들은 일반적으로 전문기술, 연구기획, 국제마케팅 등을 핵심인력으로 본다. 이러한 환경에 적응할 수 있는 업무수행능력뿐만 아니라 국제적 감각, 언어능력, 창의력, 윤리 등의 덕목을 갖춰야 한다.

한편 취업현실을 살펴보면 매년 취업을 원하는 대졸 구직자(전문대 포함)는 53~55만 명에 달한다. 그러나 이에 비해 정부 및 기업들이 제공하는 대졸 일자리는 연간 35~40만 개에 불과하다. 대부분 대졸 일자리가 부족하여 하향취업을 하거나, 임시직(계약직) 또는 취업준비생(공무원 시험)으로 취업재수를 하는 현실이다. 게다가 청년층과 실버세대와의 일자리 충돌 가능성마저 대두되고 있다. 그러다 보니 일단 아무데나 취직하고 보자(직업, 직무 상관없이)는 식의 선택이 늘고 있어 노동의 질 저하는 물론 직무만족도도 떨어질 가능성이 높다.

1. 주체별 직업정보 활용

직업정보는 많은 매체에서 제공하고 있어 쉽게 접근할 수 있다. 그러나 양질의 정보, 나에게 필요한 정보를 선별적으로 수집하는 능력이 있어야 한다. 정보탐색은 인쇄매체, 인터넷, 기타 매체 등 다양한 경로를 통해 얻을 수 있다. 최근에는 기업체에서 독자적인 웹사이트를 운영하고 있다. 주로 전자상거래나 홍보(경영이념, 전략, 가치, 비전, 제품소개) 목적이지만 구인정보도 함께 제공하기 때문에 해당 기업의 자세한 내용을 파악하는 데 큰 도움이 된다.

직업정보를 이용자 측면(정부, 기업, 구직자)에서 살펴보면

첫째, 노동시장에서 미취업자는 직업정보를 탐색하고 이를 활용하여 자신의 진로를 선택한다. 따라서 취업을 하려는 구직자는 자신과 맞는 기업이나 직무를 탐색하여 구직활동에 유용하게 활용한다.

둘째, 기업은 노동시장의 동향, 업종별 직무 등을 파악하여 인사정책을 수립하거나 인사관리(채용)를 하는 데 활용한다.

셋째, 정부는 체계적인 직업정보를 기초로 한 고용정책을 결정하거나 직업훈련의 기준을 설정하는 데 활용한다.

2. 정보탐색 경로

(1) 인쇄매체

우리나라의 대표적인 직업사전은 한국고용정보원에서 발행하는 한국직

업사전이다. 직업사전에는 직업코드, 직업개요, 수행직무 등에 관한 정보가 수록되어 있다. 따라서 이 사전은 직업상담, 구인구직 연결, 직업분류, 직업 교육 및 훈련, 통계 및 노동정책의 수립 등의 자료로 활용된다.

(2) 인터넷

인터넷 사이트를 이용하여 다양한 직업정보를 탐색한다. 우리나라의 직업에 관한 다양한 정보를 온라인상에 제공하여 학생들의 진로선택이나 학과선택에 도움을 주는 직업정보시스템이다. 이를 통해 구직자정보, 고용정보, 각종 심리검사, 기타 다양한 정보를 얻을 수 있다.

업체명(사이트주소)	업체명(사이트주소)
한국직업정보시스템(know.work.go.kr)	워크넷(www.work.go.kr)
커리어넷(www.careernet.re.kr)	대졸취업전용(jobyoung.work.go.kr)
인크루트(www.incruit.com)	리크르트(www.recruit.co.kr)
다음 취업센터(www.job.daum.net)	잡코리아(www.jobkorea.co.kr)
잡링크(www.joblink.co.kr)	사람인(www.saramin.co.kr)
청소년 포털사이트(www.chacahcha.go.kr)	스카우트(www.scout.co.kr)
헤드헌트코리아(www.headhuntkorea.com)	

(3) 면 담

직접 대면하여 정보나 경험담을 듣기 때문에 자신이 원하는 정보를 충분히 얻을 수 있다. 그러나 너무 주관적인 정보는 경계해야 한다. 직장에 다니는 직업인을 탐방하거나 교수, 컨설팅전문가, 인사담당자 등과 면담을 통해서 다양한 직업정보를 얻을 수 있다.

🌳 유망직업 100

순번	유망직업	순번	유망직업	순번	유망직업	순번	유망직업
1	항공공학 전문가	26	여행설계사	51	컴퓨터보안전문가	76	직업상담원
2	손해보험 사정인	27	음악치료사	52	투어컨덕터	77	텔레마케터
3	정보시스템 감리	28	펀드매니저	53	정보검색사	78	이미지 컨설턴트
4	특허관리	29	전자상거래사	54	피부미용관리사	79	광고 기획가
5	디지털 영상처리	30	물류관리사	55	동시통역사	80	브랜드 메이커
6	천문·기상 연구원	31	선물거래중개사	56	리눅스 전문가	81	컴퓨터 속기사
7	손해사정인	32	은퇴상담사	57	웹 마스터	82	컴퓨터 오퍼레이터
8	보험계리인	33	재취업상담사	58	네트워크 보안	83	영화기획자
9	단순생산직	34	호스피스	59	사이버무역	84	영상번역작가
10	대인서비스직	35	노인병전문영양사	60	GRO	85	해외관광기획자
11	설계엔지니어	36	국제회의기획자	61	스포츠마케팅	86	북디자이너
12	창조적 전문직	37	아바타 디자이너	62	이벤트기획	87	편집인
13	경영컨설턴트	38	코스튬플레이어	63	자동차딜러	88	일러스트레이터
14	생명공학자	39	모형제작자	64	아동놀이지도	89	전문비서
15	시스템분석가	40	완구디자이너	65	박물관 학예 연구	90	제과제빵사
16	전문컨설턴트	41	미디어프로듀서	66	캐릭터 마케팅	91	의류리폼사
17	패션디자이너	42	항만물류관리	67	김치 연구 제조	92	생활한복디자이너
18	프로게이머	43	리모델링	68	금융포트폴리오	93	식이요법 전문가
19	정보보호컨설턴트	44	헤어스타일리스트	69	전자출판	94	체커
20	웹방송엔지니어	45	투자상담사	70	상품기획	95	뉴스클리퍼
21	사회복지사	46	쇼핑호스트	71	외환딜러	96	미스터리쇼퍼
22	심리 및 언어치료사	47	PI 컨설턴트	72	사이버교육	97	모빌DJ
23	커플매니저	48	인터넷 광고제작자	73	플로리스트	98	위기관리 홍보요원
24	유머작가	49	조향사	74	카지노딜러	99	소믈리에
25	레크리에이션	50	생명공학기술자	75	웨딩드레스 디자이너	100	G.O

출처 : 네이버 지식in, 2008.

사라지는 직업 10

순번	사라지는 직업	순번	사라지는 직업
1	굴뚝 청소사	6	비행기 항법사
2	사진식자기 조작공	7	문서정리원
3	고물 장수	8	자전거 수리공
4	방물장수	9	물품기록원
5	구두창 손질공	10	타자원

출처 : 네이버 지식in, 2008.

03 취업준비

취업은 전쟁이다. 군인이 전쟁터에 나가 승리하기 위해서는 치밀한 전략, 전술이 필요하듯이 지금까지 자신이 갈고 닦은 지식, 자격, 능력 등을 총점검해야 한다. 취업은 기업이나 개인 쌍방 간에 선택을 하는 과정이기 때문에 최선의 결정을 하기 위해서는 나름대로 전략이 필요하다. 짧은 시간 동안 자신의 모든 것을 보여줘야 한다.

먼저 자신이 관심을 두고 있는 3~4개 기업체를 선정하여 그 기업에서 어떤 직무수행에 필요한 인원을 뽑는지, 어떤 자격과 능력을 갖춘 자를 원하는지 정확하게 파악해야 한다. 그리고 모든 역량을 직무에 집중해야 한다.

예를 들면, 재학시절부터 관심 있는 기업을 선정하고 수시로 정보를 탐색하여 그 기업에 대해 이해도(경영이념, 추구하는 가치, 비전, 제품)를 높이고 채용공고도 살핀다. 그 기업에서 주최하는 인턴이나 공모전, AR, 각종 행사에 적극적으로 참여한다. 그러면 기업을 좀 더 이해할 수 있고 철저한 준비를 할 수 있다. 나아가 인사담당자나 다른 직원들을 알게 되면 다른 정보나 얘기를 들을 수 있어 여러 가지 측면에서 유리하다.

1. 지원서 작성

실제로 기업에 지원하기 위해 구체적인 입사서류를 준비하는 단계이다. 입사지원이 임박해서 준비하는 것보다 취업 1~2년 전부터 이력서와 자기소개서 쓰는 법을 연습하는 것이 바람직하다. 그리고 전문가의 평가를 받아보는 것이 좋다.

　기업의 채용전형은 회사마다 조금씩 차이가 있으나 보통 서류전형과 면접으로 이루어진다. 서류전형에 필요한 서류는 보통 이력서와 자기소개서, 자격증, 각종 증명서 등이다. 이력서와 자기소개서는 입사를 위한 첫 번째 관문으로서 통과하지 못하면 면접 기회조차 없다.

　그러면 수백 명, 수천 명되는 지원자 중에서 어떻게 하면 자신의 이력서를 돋보이게 할까? 인사담당자(심사자) 입장에서 고민해야 한다. 인사담당자의 눈에 잘 띌 수 있는 형식과 내용구성이 중요하다. 또한 개성 있고 참신한 내용과 자신이 직무수행에 필요한 경험 등을 구체적으로 기술하면 좋다. 즉, 나는 당신들이 찾는 인재라는 것을 알아볼 수 있게 차별화된 이력서를 작성해야 한다.

　대부분 해당 기업에서 제공하는 지원서가 있다. 이럴 경우에는 반드시 해당양식에 맞춰서 작성하고 특별한 양식이 없는 경우에는 일반적인 표준양식을 사용하면 된다. 지원서는 성심성의껏 핵심내용 위주로 작성하는 것은 기본이면서도 아주 중요하다. 실제로 기업에 제출된 이력서를 심사하다 보면 다른 기업에 지원했던 것을 회사명도 바꾸지 않고 그대로 제출하는 웃지 못할 일도 있다.

이력서 작성요령

- 가능하면 빈칸이 없도록 정성껏 정확하게 작성한다.
- 컴퓨터로 작성하며, 1매를 넘지 않도록 한다(신입사원).
- 우측 상단에 지원부서와 직무를 명확하게 기재한다.

- 성명 란은 한글과 한자 모두 적는다.
- 생년월일 란은 서기로 적고 나이는 만 나이로 기재한다.
- 학력 란은 일반적으로 고등학교부터 최종학력까지 기재한다.
- 자격 란은 해당 기업의 직종, 직무와 직접 관련있는 자격증을 우선 기재한다.
- 경력 란은 직무와 직접 관련있는 것부터 우선 기재한다.
- 상벌 란은 대내외 수상경력을 기재한다.
- 사진 란은 보통 3개월 내에 촬영한 증명사진을 붙인다(포샵은 약간 허용, 스냅 사진 금물).
- 마지막으로 모든 기재사항은 사실과 다름 없음을 확인한다(연월일/작성자/날인).

자기소개서 작성요령

- 형식과 구성을 어떻게 할 것인가? → 서술형 또는 박스형 중 선택(박스형 추천)
- 모든 초점은 해당 직무를 중심으로 작성한다.
- 사실을 바탕으로 과장 없이 솔직하게 작성한다.
- 핵심내용 위주로 간단명료하게 작성하되, 중요한 부분(직무관련)은 구체적으로 기술한다.

- 성장배경 : 시대순으로 작성하되, 중요한 내용만 기술한다(스스로 목표를 세워 시도했던 경험).
- 성격 : 장단점을 솔직히 적고, 단점은 이렇게 고치려고 노력하고 있다(부연설명).
- 자격/경력 : 해당 업무수행에 가장 적합한 자격증, 전문지식, 경험 등을 구체적으로 어필하는 것이 중요하다. 지원 분야에서 전문성 향상 또는 지식습득을 위해 본인이 노력했던 경험 또는 사례를 구체적으로 기술한다(결과적으로 해당 업무를 가장 잘 할 수 있는 사람이라는 확신을 심어줘야 함).
- 지원동기 및 포부 : 해당 기업에서 원하는 인재상, 경영이념, 가치에 부합할 수 있는 동기가 바람직하다. 입사 후 어떤 일을 하고 싶으며 이를 위해 본인이 무엇을 어떻게 준비해 왔는가를 어필한다.

 자기소개서(긍정적인 평가)

순위	TYPE
1순위	솔직하고 진솔한 자신만의 이야기를 서술한 솔직담백형(28.5%)
2순위	단문 위주로 핵심만 뽑아 읽기 좋게 작성한 핵심형(16.4%)
3순위	이력서에서 기재한 강점을 명확하게 강조한 어필형(13.1%)
4순위	지원서 기업과 업무에 대한 애정이 녹아있는 애정형(11.7%)
5순위	기업의 인재상과 부합하는 부분을 어필한 워너비형(11.3%)

출처 : http://search.naver.com.

자기소개서(부정적인 평가)

순위	TYPE
1순위	베낀 티가 확 나는 복사기형(16.4%)
2순위	계속해서 다른 회사용으로 작성한 것 같은 돌려막기형(14.6%)
3순위	상투적인 표현으로 가득한 뻔할 뻔자형(13.1%)
4순위	지원회사에 대해 구체적인 언급이 없는 두루뭉술형(12.4%)
5순위	구체적인 사례 없이 추상적인 내용으로 끝나는 뜬구름형(11.7%)

출처 : http://search.naver.com.

2. 면접

　1차 관문(서류전형)에서 통과하지 못하면 면접 기회조차 없다. 따라서 지원서는 해당 기업에서 채용하려고 하는 직무를 파악하고 그것에 모든 역량을 집중해야 한다. 즉, 내가 그 직무를 가장 잘 수행할 수 있는 사람이라는 확신을 심어줘야 한다.

　최근 기업들의 면접방식도 다양해지고 있다. 과거에는 서류전형을 바탕으로 2~3배 수를 선발하여 그 중에서 간단한 면접을 통해 선발하였다. 그러나 최근 면접방식 크게 달라졌다. 즉, 심층면접방식, 다차원면접방식, 블라인드면접방식[43]을 통해 지원자들을 면밀히 평가하거나 주제토론, PT(발표),

43) 블라인드방식 : 면접관에게 지원자와 관련된 정보를 주지 않은 상태에서 평가

운동, 술자리 등을 통해 많은 시간을 함께 보내면서 다각적인 측면에서 평가한다. 이런 과정을 통해 지원자의 사고, 행동, 태도, 성격 등을 파악할 수 있기 때문이다. 나아가 업무수행능력, 문제해결능력, 인성도 파악할 수 있다. 또한 면접관에 실무책임자를 참석시킨다든지, 1명의 지원자를 3~4명의 면접관이 심층면접하는 경우가 있다. 면접 잘 보는 특별한 방법은 없다. 철저한 준비만이 답이다.

면접준비 및 면접

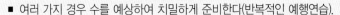

- 여러 가지 경우 수를 예상하여 치밀하게 준비한다(반복적인 예행연습).
- 전체적인 자신의 이미지, 자세, 시선, 표정, 옷, 헤어스타일, 말투, 음성 높낮이, 음성 속도 등을 연습한다.
- 전공과 관련된 질문도 준비한다. 특히 직무수행과 관련된 경험에 대해서는 구체적으로 준비한다.

- 해당 기업에서 원하는 인재상, 경영이념, 가치에 부합할 수 있도록 한다.
- 최근의 면접경향을 파악한다.
- 최근 사회적 hot issue를 파악한다(TV뉴스, 기사)
- 대기실에서도 중요하다. 생각을 정리하면서 반듯한 자세로 있어야 한다(관찰 가능성).
- 이름이 호명되면 큰소리로 대답한다.
- 면접실에 들어서서 정중히 인사하고 바른 자세로 앉는다.
- 답변은 1~2초 정도 여유를 갖고 큰 소리로 정확하게 대답한다.
- 잘 모를 경우에는 솔직하게 대답한다(머리를 긁적이거나 숙이는 행위 금물).
- 시선은 면접관(질문자)을 응시한다.
- 끝나고 너무 휙 돌아서서 나오지 않는다(목례하고 자연스럽게 나온다).

1분 자기소개

"안녕하십니까? 올해 8월 한국대학교 경영학과를 졸업한 홍길동입니다. 경영학 중에서도 특히 마케팅에 관심이 많아서 기본적인 마케팅 개념뿐만 아니라 실제 케이스를 분석하고 연구하는 데 집중했습니다. 또한 교내 마케팅 연구회에서 회장직을 맡으면서 귀사의 성공적인 마케팅 전략을 경험해 볼 수 있는 기회도 있었습니다. 지난 여름에는 ○○회사의 대학생 마케팅 연수 프로그램에 2달간 참여하면서 현장에서의 마케팅이 이론과 어떻게 다른지 직접 경험해 보았습니다. 감사합니다.

출처 : http://search.naver.com.

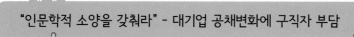

"인문학적 소양을 갖춰라" - 대기업 공채변화에 구직자 부담

대기업들의 올 하반기 공채에는 유독 한자와 역사 등 이른바 인문학 소양을 요구하는 기업들이 늘어나고 있다. 취업준비생들의 부담이 많아지고 있다.

예를 들면, 현명한 자와 어리석은 자의 구별법을 서술하시오.

이처럼 인문학 소양을 묻는 문항이 올 들어 대기업 채용의 새 평가기준으로 빠르게 퍼지고 있다. 인문학적 소양을 갖출 경우 생각의 폭이 깊어지고 창의적인 사고가 가능해지기 때문에 대기업이 선호하고 있다. 이외에도 한자나 역사능력시험 우수자에겐 채용 가산점을 주는 등 대기업 채용에 변화가 두드러지고 있다.

하지만 취업준비생들에겐 정작 이런 변화가 달갑지만은 않다. 요즘에는 독서토론이나 한자도 많이 요구를 하는 것 같아서 준비하느라 많은 부담이 된다. 일각에선 취업 사교육 시장을 조장한다는 지적도 나온다.

취업을 위해 전공과 어학, 인턴 경험 등 이른바 스펙 쌓기에 공을 들여온 구직자들, 대기업들이 인문학 소양까지 요구하면서 부담은 커져만가고 있다.

출처 : JTBC, 2014.

"인문학 소양 갖춘 신입사원 어디 없나요"

국내 최다관객의 영화 "명량"으로 국격을 높였다는 평가를 받은 CJ그룹은 15일 시작된 그룹 하반기 공개채용에서 인문학·역사 소양 평가를 반영하는 전형 과정을 강화했다. 단순히 인문학, 역사 지식을 측정하는 것이 아니라 현대의 사회적 이슈와 연계해 해결점을 찾고 풀이하는 과정을 담아 지원자의 창의적 사고력과 판단력을 종합적으로 평가할 계획이다.

이처럼 기업들이 "스토리텔링"이 가능한 소위 인문학적 소양을 갖춘 신입사원 찾기에 한창이다. 인문학적 소양을 갖춘 인재는 창조경제 시대에 걸맞은 통합·융합형 인재이다. 전인적 인재를 찾기 위해 올 초 대학 총장추천제 도입을 검토했던 삼성그룹은 삼성직무적성평가(SSAT) 시험에 역사와 관련된 문항을 늘렸다. 또 문항 영역에 공간지각력 항목을 추가하고 기존 언어, 수리, 추리 영역의 문제도 논리력과 사고력을 필요로 하는 내용으로 문제를 개편했다.

현대·기아차그룹은 지난해 하반기부터 도입한 인적성검사 "HMAT"에 올해도 역사 에세이를 출제한다. 현대차는 지난해 "고려, 조선시대 인물 중 가장 존경하는 사람과 그의 업적을 설명하고 이유를 쓰시오", 혹은 "세계의 역사적 사건 중 가장 아쉬웠던 결정과 자신이라면 어떻게 바꿀지 기술하라."는 문제 중 하나를 선택해 에세이를 쓰는 문제를 출제한 바 있다.

LG그룹은 하반기부터 필기시험에 인문역량 분야를 신설하고 10% 이상 한국사 문항을 포함시키기로 했다. SK그룹도 필기시험에 한국사 문항을 포함시켰다. 포스코는 한국사 관련 자격증 소지자를 우대하고, 직무역량 평가에 역사 에세이를 추가하기로 했다.

그룹 경영진이 직접 나서서 인문학적 교양 인재를 독려하는 곳도 있다. 신세계그룹은 올해부터 인문학적 소양을 갖춘 인재를 직접 육성하고 찾기 위해 전국 10개 주요 대학을 돌면서 "지식향연" 콘서트를 개최해왔다. 지난 4월 연세대에서 가진 첫 지식콘서트에는 정용진 부회장이 강연자로 직접 나서기도 했다.

출처 : rainman@fnnews.com

대기업 면접시 황당 질문과 답안

〈한겨레〉 온라인뉴스팀

"인류 최후 생존자 10명 중 7명만 고른다면?", "노래방에서 몇 시간이나 놀 수 있나?"

황당한 질문인가? 예상문제에 대한 모범답안식 답변을 피해, 답변자의 총체적 사고력과 순발력을 평가하기 위한 새로운 시도인가?

기업 입사면접 질문이 갈수록 독특해지고 있다. 이런 황당한 질문은 응시자의 순발력이나 위기대처능력을 평가하기 위한 것으로 "정답"이 없는 만큼 당황하지 말고 질문의도를 파악, 단순명료한 "나만의 정답"을 내놓아야 한다고 채용 전문가들은 설명한다.

22일 취업포털 커리어(www.career.co.kr)는 지난해 삼성전자와 LG전자, SK, 현대기아자동차 등 주요기업 면접에 등장한 이색질문의 유형과 답변요령을 소개했다.

커리어는 이들 황당질문을 △ 순발력과 창의력 △ 자기소개 PR △ 조직적응력 △ 인성 및 가치관 등 네 가지 면접평가 항목으로 분류했다.

순발력과 창의력 평가를 위한 질문

▲ 3차 대전이 일어나 열 명만 살아났는데 끝까지 살아남기 위해선 7명만이 과학자가 개발한 캡슐로 들어가야 한다. 현재 변호사와 그 아내, 대학 1학년 여대생, 프로축구 선수, 소설가, 지성파 여배우, 과학자, 경찰, 목사, 유학생 등 10명이 있는데 당신이 결정권자라면 어떻게 하겠는가?

답변요령 정답은 없다. 답변에 대한 타당한 이유를 설명하는 것이 가장 중요하다. 어떤 대답을 하든 자신감을 보이도록 한다.

답변예시 저라면 변호사와 그 아내, 대학 1학년 여대생, 프로축구 선수, 지성파 여배우, 과학자, 목사를 선택하겠습니다. 현 상황의 가장 큰 핵심은 생존입니다. 열거된 10명을 분류해 보면 남자와 여자로 각 특징적인 유전인자를 대표할 수 있습니다. 변호사와 그 아내는 부부이며, 따라서 자녀를 둘 수 있습니다. 여대생과 프로축구 선수는 건강한 남녀를 대표할 수 있고, 지성파 여배우와 과학자는 지적인 남녀를 대표합니다.

마지막으로 목사를 선택한 이유는 이들의 무분별해질 수 있는 관계를
감시하기 위한 조정자로서의 역할을 담당하도록 하기 위해서 입니다.

▲ 애인이 친한 친구와 바람을 피면 누굴 택하겠는가. 만약 또 그 반대 상황이라면?

답변요령 "엄마가 좋아? 아빠가 좋아?"처럼 하나만 선택하기 어려운 질문으로
순발력과 결단력 등을 평가하기 위한 질문이다. 자신의 가치관에 따른
판단을 내리고 그 이유를 논리적으로 설명한다. 입사지원 기업의 이념
과 연관지어 전달하면 더욱 좋다.

답변예시 둘 다 포기하겠습니다. 우선 바람을 피운 애인이라면 더 이상 만날 필요
가 없다고 생각합니다. 친구 역시 친구로서의 믿음을 저버렸기에 우정
을 계속 유지할 이유가 없지 않을까요? 기업과 사원 역시 마찬가지입니
다. 서로에 대한 신뢰, 서로의 가능성에 관한 믿음이 있어야 그 회사의
미래가 밝을 것입니다.

▲ 서울 시내에 있는 중국집 전체의 하루 판매량을 논리적인 근거를 제시하여 정
량을 계산하시오.

답변요령 만약 정확히 수치를 모를 경우 "가정"하면 된다. "하루 자장면 판매량이
5백만 그릇이라고 가정할 경우"로 답변을 시작하는 것이다. 물론 그 뒤
에는 과학적인 근거를 제시하도록 한다.

답변예시 우리나라의 하루 자장면 판매량은 하루 약 750만 그릇이라고 합니다.
보통 자장면 판매량이 전체 판매량의 약 40% 정도를 차지한다고 하
며, 이러한 기준으로 보았을 때 전국 중국집의 일일 판매량은 하루 약
1,800만에서 1,900만 그릇이 됩니다. 서울의 총인구는 1,004만 명이지
만, 유동인구까지 포함하면 1,200만 명 정도로 전국 인구의 1/4을 차
지합니다. 따라서 전국 판매량의 약 1/4이 서울 판매량이 되므로, 대략
470만 그릇 정도가 될 것 같습니다.

▲ 아이들을 웃게 하는 방법은?

답변요령 기업의 인재상과 연결할 수 있는 질문이다. 웃길 수 있는 방법만 나열하
지 말고 아이들을 고객과 동일화시켜 대답한다.

답변예시 아이들을 웃게 하는 방법은 아이들의 눈높이에서 아이들과 놀아주는 것입니다. 손가락으로 총을 만들어 "빵빵~"하고 총 싸움을 하고 있는 아이는 "너 참 귀엽구나"하는 어른보다 "윽~"하며 총에 맞은 것처럼 쓰러져 주며 같이 놀아주는 어른에게 기쁨을 느낍니다. 마찬가지로 저 역시 입사를 한다면 항상 고객의 입장에서 고객의 눈높이에 맞추기 위해 노력하는 사람이 되고 싶습니다.

▲ Kill 115145425가 무슨 뜻입니까?

답변요령 무슨 암호 같지만 실제로는 아무 뜻이 없다. 순간 판단력과 대처능력을 파악하기 위한 질문으로 이 경우 "ID와 PW" 등 너무 깊게 생각하지 말고 떠오르는 대로 대답하는 것이 좋다.

답변예시 제작 예정인 영화의 제목입니다. "킬빌"의 패러디가 아닐까요?

자기소개 PR 평가를 위한 질문

▲ 자신이 얼마짜리 사람이라고 생각하나?

답변요령 현재 자신의 가치를 적절하게 대답하는 것도 좋지만, 앞으로 입사했을 경우 얼마나 큰 가치를 지니게 될지 함께 설명하는 것이 좋다.

답변예시 오늘 면접을 보러 오면서 아침으로 먹을 2,500원짜리 샌드위치를 산 편의점 주인에게 저는 2,500원짜리 사람이었습니다. 그리고 며칠 전 구입한 십만 원짜리 코트의 의류매장 주인에게 저는 십만 원짜리 사람이었습니다. 사람의 가치란 각 사람마다 그 사람을 어떻게 생각하는가에 달려 있다고 생각합니다. 저는 꼭 이 회사에 입사하여 지금 이 자리에 계신 면접관님에게 최소 1억 원 이상의 가치라고 평가받을 수 있는 사람이 되고 싶습니다.

▲ 자신이 옆의 두 명보다 어떤 점이 뛰어나 뽑혀야만 한다고 생각하나?

답변요령 자기표현능력 및 자신의 강점을 제대로 잘 파악하고 전달할 수 있는가를 평가하기 위한 질문이다. 다른 사람을 평가절하 혹은 인신공격으로 낮추기보다는 두 사람에게서 느낀 장점을 적절하게 칭찬하면서 자신의 강점을 자연스럽게 강조해 주는 것이 좋다.

답변예시 저는 업무에 대한 추진력이 강합니다. 발표 수업 때에도 자연스럽게 제가 리더가 되어 프로젝트를 진행해 나갔습니다. 함께 지원한 두 분 모두 이 회사에 필요한 인재로서 준비되어 있는 능력을 갖추고 있지만 추진력만큼은 저 역시 뒤지지 않는다고 생각합니다.

▲ 외모 중 가장 자신 있는 부분이 어디인가?

답변요령 지원자 자신이 얼마만큼 자신감을 갖고 있는지 알아보기 위한 질문이다. "모두 자신 있다."나 "자신 있는 부분이 없다."라는 식의 답변보다는 평소 자신 있는 부분이 어디인지 구체적으로 말하고 그 이유를 덧붙이는 것이 좋다. 절대 추상적인 답변은 하지 말아야 한다.

답변예시 저는 눈이 가장 자신 있습니다. 한 번 보십시오. 눈동자가 정말 선명하지 않습니까? 그리고 이 선명한 눈빛에는 제 성실함이 담겨 있습니다. 눈빛만큼 사람의 마음을 담고 있는 신체 부위도 없다고 생각합니다.

▲ (입사자들이 낸 자기소개서를 바탕으로 즉석에서) "활달하고 수다를 좋아한다고 했는데 1분 동안 면접관을 웃겨보라."

답변요령 자기 자신을 얼마만큼 잘 파악하고 있는지, 그리고 파악한 것을 얼마만큼 신뢰성 있게 전달할 수 있는지 평가하기 위한 돌발 질문이다. 면접을 위해 유머 하나 정도는 익혀두는 것이 좋다.

답변예시 (면접관을 웃길 수 있는 방법이 바로 떠오르지 않는다면) 1분 동안 웃음을 드리는 것으로 제가 갖고 있는 끼와 재치를 보이기에는 턱없이 부족합니다. 입사를 시켜주신다면 야유회 때 꼭 오락부장이 되어 증명해 보이겠습니다.

▲ 자기 자신을 잘 표현할 수 있는 그림을 그려라. 그리고 그 그림을 통해 3분 동안 자기 자신에 대해 설명하고 입사한 동기와 연관지어 설명하라.

답변요령 자신의 신념을 담아 비유하도록 한다.

답변예시 제가 토마토를 그린 이유는 토마토는 겉과 속이 똑같기 때문입니다. 겉이 파랗다면 속도 파랗고 겉이 빨갛게 변하면 속도 빨갛게 익는 토마토처럼 저는 남에게 아닌 것을 그런 척 하거나 거짓말을 잘하지 못합니다. 기분이 좋거나 속이 상한 일도 그대로 드러날 경우가 많아 되도록 상대와 좋은 관계를 지속하기 위해 노력하는 저의 성격이 무엇보다 고객의 신뢰를 중요시하고 투명성이 요구되는 귀사와 잘 맞는다고 생각합니다.

조직적응력 평가를 위한 질문

▲ 상사가 이상한 일을 시키면 어떻게 할 것인가?

답변요령 "Yes Man"은 기업에서 원하는 인재상이 아니다. 부당한 일을 시키는데도 무조건 하겠다는 식의 충성심을 보여줄 필요는 없다. "제가 회사를 키우겠습니다." 같은 과장된 답변은 마이너스인 것처럼 "Yes Man"스러운 답변은 좋은 점수를 받을 수 없다.

답변예시 먼저 상사가 지시한 "이상한 일"이 업무와 어느 정도의 연관이 있는지 그리고 얼마나 비합리적인 일인가를 생각해 보고 주위 직장선배나 동료들에게 자문을 구하겠습니다. 업무에 도움이 되지 않는 비합리적인 일이라면 상사에게 면담을 요청해 일에 대한 부당성을 건의해 보고 원만한 타협점을 찾기 위해 노력하겠습니다.

▲ 자신의 상사 혹은 회사가 적성에 맞지 않는 일을 시킨다면 어떻게 하겠는가?

답변요령 면접 답변 중 과장되거나 지나치게 충성심 깃든 답변은 오히려 마이너스가 될 수 있다. 이런 질문에 대해 "상사가 시킨 일이니 적성과 상관없이 열심히 하겠다"는 식의 답변은 진실성이 결여된 것처럼 보인다. 문제를 해결할 수 있는 방향으로 답하도록 한다.

답변예시 우선은 "왜 나에게 적성에 맞지 않는 업무를 맡겼는지"에 대해 면담을 요청하고 의견을 나누겠습니다. 제 적성에 맞지 않는다는 생각 또한 저의 편견일 수 있기 때문입니다. 상사나 회사가 저의 다른 능력을 보고 업무를 맡긴 것이라면 한번 최선을 다해 도전해 볼 것이며, 막무가내로 맡기는 것이라면 퇴사를 고려하겠습니다. 적성에 맞지 않는 일로 회사 생활에 큰 스트레스를 받는다면 저에게도 또 회사에도 큰 손해가 될 것이기 때문입니다.

▲ 퇴근 시간이 훨씬 지났는데도 상사가 계속 일을 시킨다면?

답변요령 무조건 "예", "아니오"로 답할 필요는 없다. 합리적으로 두 가지 가능성을 제시하는 것이 좋다.

답변예시 주어진 업무가 그날 꼭 처리해야 하는 중요한 사안이라면 밤샘근무를 할지라도 기꺼이 수행하겠습니다. 중요한 일이 아니라면 건의를 통해 다음 날 일찍 출근해 일을 마칠 수 있도록 조율을 시도하겠습니다.

▲ 노래방에서 몇 시간이나 놀 수 있는가?

답변요령 "잘 노는 사람이 일도 잘 한다."는 가정하에 조직융화능력을 떠보기 위한 것이다. 술이나 노래가 아니라도 전체 분위기를 띄우기 위해 잘하는 것들을 내세우면 좋은 점수를 받을 수 있다.

답변예시 전 노래방에 가면 노래는 잘 부르지 않습니다. 워낙 음치라 제가 노래를 부르면 오히려 분위기가 가라앉기 때문입니다. 대신 옆에서 열심히 소리지르며 탬버린을 쳐 분위기를 띄우는 것을 잘해 3~4시간 정도는 충분히 놀 수 있습니다.

▲ 만약 당신이 일할 때 로비나 뒷거래가 일어난다면 어떻게 하겠는가?

답변요령 도덕성을 묻는 질문이다. 개성 있는 대답보다는 모범답안식의 답변을 하는 것이 좋은 점수를 받을 수 있다.

답변예시 사필귀정이라는 말처럼 모든 일은 반드시 바른 길로 돌아간다고 생각합니다. 부당한 로비나 뒷거래를 발견한다면 상사에게 알리고 더 큰 문제가 발생하지 않도록 바로잡기 위해 노력할 것입니다.

인성 및 가치관 평가를 위한 질문

▲ 몇 번째 면접입니까? 그동안 왜 떨어졌다고 생각합니까?

답변요령 솔직담백하게 대답하는 것이 좋다. 자신감 있고 당당하게 말하는 것이 관건이다. 떨어진 이유에 대해 너무 '단점'만 부각시키지 말고 어떻게 보완했는지, 능력 향상을 위해 어떤 노력을 했는지 어필하는 것이 좋다.

답변예시 면접에서 너무 긴장하다 보니 제가 전달하고자 하는 바를 제대로 전달하지 못했습니다. 이러한 점을 보완하기 위해 스터디 그룹을 만들어 토론학습을 했으며, 이제는 어느 정도 극복했다고 생각합니다. 그리고 이러한 저의 노력이 입사 후 꼭 빛을 발할 수 있을 거라 믿습니다.

▲ 오늘 면접 보는 지원자들 중 누가 제일 먼저 말을 걸었나요?

답변요령 낯설고 어색한 상황에서 얼마만큼 친화력을 발휘하는가를 평가하기 위한 질문으로 솔직하게 면접 전 분위기를 전달하는 것이 좋다.

답변예시 제 옆에 앉아있는 지원자가 먼저 말을 걸었습니다. 사교성 좋아 보이는 첫인상만큼이나 성격이 좋아 면접 전 긴장된 마음이 풀어졌습니다.

▲ 대학생들이 축제 때 교내에서 술을 많이 먹는 것을 봤다. 그건 축제이기 때문에 이해가 되는데 평소에 교내에서 술 먹는 것은 어떻게 생각하는가?

답변요령 면접관 취향을 고민할 필요는 없다. 중요한 점은 얼마나 적절한 근거를 제시하느냐 하는 것이다. 요즘 사회 현상을 덧붙이면 설득력 있는 답변이 될 것이다.

답변예시 교내에서의 대학생 음주문화는 잘못된 음주습관으로 이어져 폭음, 음주운전 등 건강과 학업에 악영향을 준다고 생각합니다. 최근 대학들이 '술과의 전쟁'을 선포하고 다양한 대책들을 마련해 음주사고를 막으려고 고심하고 있다는 내용의 기사를 본 적이 있습니다. 건전하고 건강한 대학문화를 위해 교내 음주는 금해야 한다고 생각합니다.

▲ 조삼모사의 현대적 의미는?

답변요령 실질적인 뜻을 말하라는 것이 아니므로 바람직한 업무능력을 제시할 수 있는 답변이 좋다.

답변예시 조삼모사는 보통 "교묘한 꾀로 남을 속임 또는 속임수로 어리석은 사람을 농락하는 것"이라는 의미로 사용됩니다. 현대적 의미로 해석해 보았을 때 눈앞의 차이만을 알 뿐 그 결과가 같음을 모르는 것을 의미하는 말로 어떤 일이든 상대의 의도를 먼저 파악하고 전체적인 결과를 예측해 봐야 한다는 뜻을 내포하고 있다고 생각합니다.

▲ 고액권 화폐에 적당한 인물은 누구이고 그 이유는 무엇인가?

답변요령 평소 존경하는 인물과 그 이유를 생각해두면 면접에서 꽤 유용하게 활용할 수 있다.

답변예시 저는 신사임당을 이야기하고 싶습니다. 신사임당이 율곡 선생 같은 위대한 인물의 어머니이기 때문에 유명해진 것으로 여기지만 신사임당은 한국의 대표적인 어머니이면서 자신을 극복하고 성장시킨 문인이며 예술가라고 생각합니다. 시대를 극복한 진보적인 여성으로서 고액권 화폐의 모델이 되기에 충분한 요건을 갖추었다고 생각합니다.

출처 : http://www.naver.com.

Self-examination & Future plans

1. 이력서를 작성해보시오.

	이 력 서		
성 명		인	주민등록번호
	생년월일 서기 년 월 일생 (만 세)		
주 소		자택전화	
		휴 대 폰	
호적관계	호주와의 관계	호주성명	
년 월 일	학 력 및 경 력 사 항		발 령 청

상기 지원서상의 모든 기재사항은 사실과 다름 없음을 확인합니다.

년   월   일

작성자 :   인/서명

2. 자기소개서를 작성해 보세요.

성장배경	
학교생활	
성격의 장·단점	
자격·경험	
포부	

참고문헌

권석만(2013) · 현대이상심리학 · 학지사.

김광수 · 김영진 · 이점수 · 전정수(2013) · 인간관계론 · 서울: 청람.

김순향(2015) · 진로 및 취업설계: 한올.

김보경 · 곽상인(2014) · 성공적인 취업과 자기역량 강화 · 서울: 한올.

김은영(2016) · 인성과 리더십 · 양성원.

박연호 · 이종호 · 임영제(2013). 현대인간관계론. 서울: 박영사.

이형국 · 권오관 · 강기원(2014). 진로탐색과 미래설계 · 서울: 한올.

이재희 · 최인희(2014) · 비즈니스 커뮤니케이션 · 서울: 한올.

조벽(2016) · 인성이 실력이다 · 해냄출판사.

황매향 · 김연진 · 이승구 · 전방연(2013) · 서울: 학지사.

취업교과목 경력개발과 멘토링 맨진로(2013) · 취업센터.서경대학교.

심성수련(2015) · 한국인성개발.

고용노동부 http://www.moel.go.kr

국가직무능력표준 www.ncs.go.kr

네이버 http://www.naver.com

워크넷 www.work.go.kr

통계청 http://kostat.go.kr

한국산업인력공단 http://www.hrdkorea.or.kr

한국인성개발원 http://www.ospeech.com

한국직업정보시스템 know.work.go.kr

저자약력

♣ 박 일 순

건국대학교 대학원 경영학과 졸업(경영학 박사)

(현) 서경대학교 교양학부 초빙교수
    글로벌경영학회 상임이사
    한국인적자원개발원 이사
    대한검도협회 이사
    대한미용경영자협회 이사
    한국산업경제학회 평생회원
    한국정책학회 정회원
    한국생산성학회 회원
    수리울풍경 경영자문
    중안로지스 대표
    꽃차와 명상 공동대표

[주요저서 및 연구논문]
소자본 창업론 저술
진로탐색과 인생설계 저술
소자본 창업론 cyber contents 개발
내부마케팅 활동이 직무만족과 경영성과에 미치는 영향
내부마케팅 활동이 감정노동에 미치는 영향분석;
호텔종업원의 행동유형(DISC)의 차이를 중심으로
소자본 창업과 조직성과에 관한 탐색적 연구
소상공인의 창업 성공요인에 관한 실증연구
소자본 창업자의 특성과 인식에 관한 실증연구
내부마케팅 활동이 고객만족에 미치는 영향에 관한 연구
소자본 창업자의 입지 결정요인에 관한 연구
내부마케팅 활동이 경영성과에 미치는 영향분석;
매개효과 및 조절효과를 중심으로
소자본 창업 시리즈 기고
창업전략 시리즈 기고

주산 공인 8단

나의 길을 찾아주는 나침판

진로설계와 인성함양

초판 1쇄 인쇄 2016년 2월 20일
초판 1쇄 발행 2016년 2월 25일

저   자 박 일 순
펴 낸 이 임 순 재
펴 낸 곳 **한올출판사**
등   록 제11-403호
주   소 서울시 마포구 모래내로 83(성산동, 한올빌딩 3층)
전   화 (02)376-4298(대표)
팩   스 (02)302-8073
홈페이지 www.hanol.co.kr
e-메일 hanol@hanol.co.kr
ISBN 979-11-5685-384-8